Inarú Presenta

Maitreyi Villamán Matos

Las Fiestas de Cruz

en la República Dominicana
Estudio Preliminar

La Maga Press

Derechos Reservados.2011 por Maitreyi Villamán Matos
Fiestas de Cruz en la República Dominicana-Estudio Preliminar
es una traducción y ampliación de *The Keepers Of the Mystery* (PreliminaryStudy of The Fiestas De Cruz in the Dominican Republic) por Maitreyi Villamán-Matos.

Edicion, diagramación, portada y publicación:
Mercedes A. Villamán

Se prohíbe la reproducción parcial o total de este libro. No podrá reproducirse por ningún medio o forma sin permiso escrito, excepto en citas breves incluidas en reseñas, críticas, o artículos. Para información dirigirse a La Maga Press, Inc. 36 St. Nicholas Pl. #4A, New York, NY 10031. lamagapress@gmail.com

Copyright © 1997Maitreyi Villamán Matos

All rights reserved. No part of this publication may be reproduced or transmitted in any form by any means, electronic or mechanical, including photocopying, recording, or any information storage and retrieval system, without the written permission of the author.

Centro Creativo Experimental Inarú & La Maga Press, Inc.
Facebook.com/centro creativo experimental inaru

A los devotos de la Santísima Cruz en la República Dominicana, guardianes del misterio cósmico del Arbol de la Vida.

Y a la Dra. Lusitania Martínez, con cariño.

Prefacio

Este estudio Preliminar es una traducción y ampliación de *The Keepers Of the Mystery* (Preliminary Study of The Fiestas De Cruz in the Dominican Republic) por Maitreyi Villamán-Matos. Publicado en 1999 por Dominican Studies Working Paper Series 4. Esta investigación fue auspiciada por el CUNY Dominican Studies Institute (Instituto de Estudios Dominicanos) del City College of New York, gracias a una beca de la Fundación Rochefeller. La presente edición incluye ilustraciones y entrevistas omitidas en la versión en inglés.

Desde la 1980, Maitreyi Villamán Matos se ha dedicado a documentar la historia oral y el arte devocional popular tanto en su país de origen, la República Dominicana, como en Puerto Rico, Panamá y la comunidad hispano-caribeña en la ciudad de Nueva York.

Cuando no esta inmersa en una investigación de campo, Maitreyi escribe y dirige teatro. Tambien ha publicado varios libros de poesía: *El Silencio de los Inocentes; Anatomy of an Illness; BX15- A Poetic Journey;* y *Caso Abierto.*

Mercedes A. Villamán
Editora

Índice

Dedicatoria	3
Prefacio	4
Oración	7
Reconocimiento	9
Introducción	
I	10
II	14
III	19
IV	21
Hablan los libros	24
Conversando con los expertos	61

    Lic. Alejandro Paulino Ramos
    Lic. Carlos Andújar

    Entrevistas:

Lusitania Martínez	68
June Rosenberg	88
Diálogos con mi gente	109

Conclusiones	113
Bosquejo	116
Equipo de trabajo	117
Notas	118
Lista de ilustraciones	120
Bibliografía	122
Oración	126

Oración

Por la señal de la Santa Cruz,
De nuestros enemigos,
Líbranos Señor, Dios Nuestro.
En el nombre del Padre,
Y del Hijo, y del Espíritu Santo.
Amén.

Eleguá sentado en la encrucijada del destino, llamado Legbá en Quisqueya, propicia una ruta clara y precisa para llegar al corazón del misterio de la Santísima Cruz.

Obatalá, dueño de la cabeza, guardián de ideas y pensamientos, ¡oh! ¡Virgen de las Mercedes! escoge las palabras correctas para verter el conocimiento adquirido, facilitando así la comprensión a los lectores de estas páginas.

Vestida de morado, arrodillada ante los loas de las veinte y una divisiones, pido paz, salud y prosperidad para los partícipes en esta humilde empresa.

San Miguel Arcángel, Belié Belcán; usa tu espada justiciera para alejar cualquier obstáculo, disolver malentendidos, resolver querellas que puedan entorpecer la realización de nuestro objetivo: aprender cómo es venerado el Santo Madero en la República Dominicana.

¡Salve Cruz, Santa y Divina! Acepta este esfuerzo presentado con amor y permíteme ser un instrumento útil para diseminar tu mensaje de vida.

Reconocimiento

Dice un viejo refrán: "Honor a quien honor merece".

Tomo este momento para poner en práctica este consejo honrando con unas palabras de agradecimiento al Dr. Silvio Torres-Saillant, Alejandro Paulino Ramos, Carlos Andújar, Lusitania Martínez, June Rosenberg y su amigo Mateo Nin.

Indispensable es mencionar la ayuda prestada por Carmen Rodríguez, Diomaris Poché, Milquíades Aybar Franco, Oscar Pérez, Mercedes Franco de Aybar, Milida Aybar Franco, Francisca Díaz Matos y Miguel Falquez-Certain.

¡Alabanzas por contribuir desinteresadamente a escudriñar los misterios de la Santa Cruz!

Introducción

I

20 de abril de 1997, Baní, República Dominicana

La motora avanza esquivando hoyos en la carretera que va de Río Arriba a Fundación, La Vereda, El Limonal, Valdecia o Las Lomas; dependiendo del destino del viajero. La semioscuridad de la noche va acercando con cada curva del camino el sonido de una tambora, güira y pandero.

Avanzando se distingue una melodía entonada por una voz de mujer. La brisa provocada por la velocidad de la motocicleta ayuda a transmitir la música a manera de altoparlante... aumenta el volumen de los instrumentos, presiento que a la vuelta de la próxima curva veremos quién canta.

Le pido a Milquíades Aybar Franco que detenga la marcha pues quiero averiguar de dónde viene esa música tan fuera de lo común, como un lamento, un rezo, una plegaria. Por la ley de la inercia la motora se detiene un poco más adelante, dándome la oportunidad de ver desde mi asiento la procedencia de tan dulce melodía.

Ante mis ojos se levanta la enramada a la orilla de la carretera, sin paredes, horcones pintados de azul, techo de zinc, su interior sólo iluminado en un punto focal: una mesa donde imponentes se levantan tres cruces: una cruz grande colocada en el centro, flanqueada por dos cruces pequeñas. Vuelvo a repetir: "¡Párate, párate por favor!".

Camino. Ya cerca, trato de no llamar la atención y con una mirada retrato la escena: mesa pintada de azul sirviendo de altar, en el centro tres cruces, la cruz mayor está vestida con un trajecito de niña con cuello, manga y falda larga, color azul pálido; casi blanco. Está adornada con collares de cuentas sencillas. Frente a la Cruz han colocado una vela encendida, un plato con agua y una ramita verde que no puedo distinguir desde la distancia en que me encuentro, tal vez ruda o albahaca. Otra vela encendida está colocada debajo del altar.

¿Es una ceremonia religiosa? ¿Están rezando? Y esa Cruz, ¿por qué está adornada así? La semioscuridad me oculta, no me atrevo a entrar. Camino hacia el motor que me trajo. La carretera me espera, atrás el pandero es un corazón pulsando a los cuatro vientos la oración eterna del cuero golpeado al ritmo de una salve.

Altar dedicado a la Santa Cruz a la orilla de la Carretera Fundación en Bani. 1

II

25 de abril de 1997, Baní, República Dominicana

La XXIV Feria del Libro Salomé Ureña de Henríquez me brinda la oportunidad de acudir al encuentro de un recuerdo. Persigo una imagen de mi niñez que vi en la televisión de la vecina Doña Carmen, esposa del sargento Viloria, cuando vivíamos en Las Americas, frente al Ensanche Ozama.

Los libros de historia dominicana podrán explicar esa llanura árida, los bohíos quemados, los prisioneros de rostros serenos, los muertos bocarriba desparramados por la llanura y la angustia en el rostro de mi abuela.

Acudir al encuentro de una imagen, recuerdo íntimo donde se fundamenta mi conciencia histórica, después de treinta años fuera del país, me arropa en una marea de emociones.

Pregunto por un libro de Palma Sola. La vendedora busca en el estante, regresa con el único libro que tiene sobre

el tema: *Palma Sola* de Lusitania Martínez. Así compro la esperanza de poner en orden una imagen, un recuerdo.

Sin embargo, al leer y hojear el libro mi atención se desvía a otro tema cuando veo especialmente estas ilustraciones: baile alrededor de la Cruz, árbol con una Cruz al lado, diseño con cruces.

Crux Immissa-Cruz latina 2

En el viaje de regreso a casa definitivamente comienzo a percatarme de la cantidad de cruces que veo desde la ventana de la guagua, frente a las casas situadas a lo largo de la carretera entre Santo Domingo, la capital, y Baní. ¿Existe un culto a la Cruz o es una mera coincidencia?

Las ilustraciones del libro de Palma Sola de Lusitania Martínez agudizan mi cuestionamiento:

"Baile alrededor de la Cruz Mayor, Cruz del juramento, Calvario, ceiba donde habitan los seres" y abren un mundo de posibles preguntas, anheladas respuestas.

Estas inquietudes no se daban en un vacio. Soy devota de la Santísima Cruz y en esos momentos me preparaba para cumplir con el séptimo año de una promesa a nueve años, celebrando las Fiestas de Cruz por nueve noches en Loisaida, Nueva York.

¿Celebran Fiestas de Cruz en la República Dominicana? ¿Por qué tantas cruces en el camino? ¿Ese altar que vi en la carretera con la Cruz vestida como una niña? ¿Esas canciones? ¿Y ese baile alrededor de la Cruz de Palma Sola? Quiero saber; tengo que preguntarle a esa señora qué cantaba y ¿por qué? Me quiero aprender esas canciones. ¡Sonaban tan bonitas! ¿Dónde? Tan lejos en San Juan de la Maguana. ¿Cómo llego? Tengo que averiguar... necesito ayuda. ¿Quién me podrá escuchar?

Detalle de altar a la Santa Cruz Carretera Fundación en Bani. 3

Así nació un interés propiciado por la búsqueda de un recuerdo de mi niñez. Palma Sola me lleva de golpe al misterio del Árbol de la Vida, madero poderoso representado en la Cruz. Palma Sola me pone a caminar hacia el Calvario, a tomar la responsabilidad de investigar hasta encontrar las respuestas.

III

Julio de 1997, Nueva York

Hablar con el Dr. Silvio Torres-Saillant, director del Instituto de Estudios Dominicanos de la City University of New York (C.U.N.Y.) es muy fácil. Detrás de su escritorio, impecablemente vestido -rodeado por un oleaje de papeles, cartapacios, revistas, y libros, y mas libros- está accesible a los que como yo le caen "de paracaídas" sin cita previa.

Le traigo mi recién publicado libro de poemas BX15 como regalo, acompañado de un discurso cargado de entusiasmo sobre las Fiestas de Cruz en la República Dominicana. Le cuento sobre el altar con la Cruz vestida de niña, las ilustraciones del libro de Lusitania Martínez, las muchas cruces frente a las casas. Busco transmitirle un poco de mi interés, inyectarle una dosis de mi asombro ante "mi descubrimiento" y la necesidad de un estudio.

Atento y paciente, invierte su tan valioso tiempo en escuchar mis diatribas sobre la universalidad cósmica del símbolo de la Cruz y cuando por fin me tomo un respiro,

el Dr. Torres Saillant ecuánimemente dice: "Se puede investigar. Primero es necesario un estudio preliminar que determine:

1. Si existe una bibliografía relacionada con el tema, estableciendo quiénes han investigado sobre el tema en el pasado.

2. Entrevistar a expertos estudiosos para determinar si están trabajando con el tema actualmente.

3. Averiguar si se celebran en algún lugar y por quiénes para poder observar el fenómeno. Con este estudio preliminar se puede determinar la pertinencia del tópico y si merece nuestro esfuerzo".

Acepté el reto. Sus comentarios me alentaron a iniciar una investigación sobre el tema, propiciando así este estudio preliminar sobre las Fiestas de Cruz en la República Dominicana.

IV

A continuación encontrarán respuestas a esas preguntas básicas.

En el capítulo I, "Hablan los libros", detallo las fuentes bibliográficas, además de incluir en el apéndice fotocopias del material encontrado.

En el capítulo II, "Conversando con los expertos", quedan resumidos los diálogos con Alejandro Paulino Ramos, Carlos Andújar, Lusitania Martínez, June Rosenberg y Mateo Nin. Los antes mencionados son intelectuales dominicanos que gozan del respeto de la comunidad por la labor de investigación que han desarrollado en sus respectivos campos de estudio.

Decidí hacer un experimento sencillo para determinar si todavía se celebraban las Fiestas de Cruz, preguntando a mis vecinos, parientes, amigos y conocidos. El resultado de esas indagaciones está enumerado en el capítulo III.

Por último, ofrezco un resumen analizando los resultados del estudio preliminar de las Fiestas de Cruz en la República Dominicana y un bosquejo para una investigación más extensa.

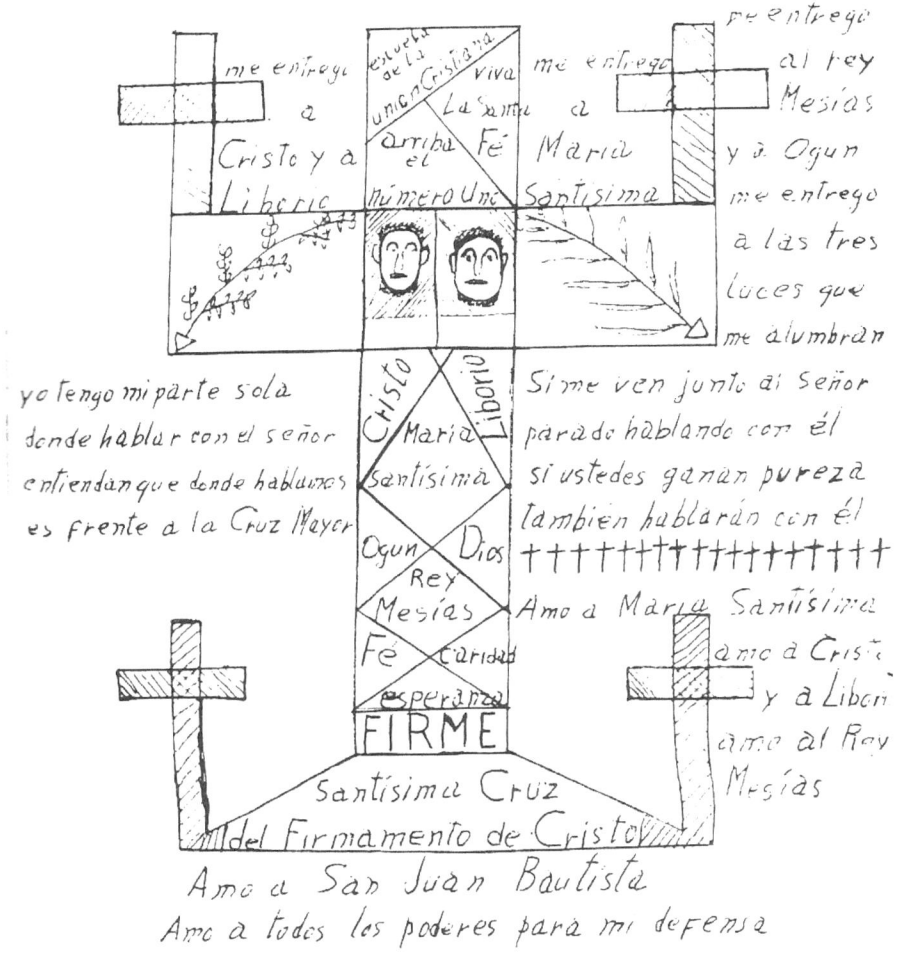

Dibujos tomados del cuaderno de un creyente de Liborio Mateo, en Palma Sola. 4

Hablan los libros

En la Biblioteca Central de la Universidad Autónoma de Santo Domingo, Sala Dominicana, existe un manantial de conocimientos, de dulzura en el cumplimiento de su trabajo y desprendimiento al compartir los hallazgos de su esfuerzo investigativo, dispuesto a dejarse beber por todo aquél que lo necesite, llamado Alejandro Paulino Ramos.

Como bibliotecario, el Lic. Paulino Ramos aportó la mayoría de las fichas bibliográficas que mencionan a las Fiestas de Cruz en la República Dominicana, ayudando a recopilar los datos que comprueban su existencia.

El material recopilado sitúa la Fiesta de Cruz como una expresión más de una veneración muy particular y generalizada, característica de la religiosidad popular dominicana. Otras expresiones de esta devoción o culto son los calvarios, rosarios, juramentos, bailes rituales alrededor de la Santa Cruz tomando como ejemplo los ceremoniales en Palma Sola y los rituales a San Elías (el Barón del Cementerio) y sus guedeses que usan la Cruz como símbolo en el altar. También encontré fotos de mayores, bailadores de Gagá, usando la Cruz como adorno en sus trajes repletos de espejitos, cascabeles y cintas multicolores.

Las Fiestas de Cruz son mencionadas en:

1. *Diccionario del patrimonio cultural y del folklore dominicano* del Lic. Alejandro Paulino Ramos. Citamos:

"Las Fiestas de Cruz de la Misericordia se realizaban todo el mes de mayo desde el siglo XIX hasta los primeros años del siglo XX. Una sociedad formada para este fin se encargaba de hacer una pequeña colecta para reunir los fondos necesarios para las celebraciones. La Cruz de la Misericordia se encontraba en la calle de la Puerta de la Misericordia esquina Espaillat. Todos los días del mes una orquesta iba por las calles del sector con acordes de vals o alguna danza de moda y echando los concurrentes vivas a la Cruz de la Misericordia.

Se cantaba la salve al son de la orquesta delante de un altar que se adornaba al frente de la Cruz. También como parte de las celebraciones se realizaban bailes a los que iban los jóvenes de la más alta sociedad de entonces. Las calles se adornaban con papelitos picados que colgaban

Crux Commissa -Tau-
Cruz de S. Antonio 5

de cordeles y se escuchaban las explosiones de cohetes, montantes, garbanzos y se realizaban juegos y concursos como la comida de soco, la gallinita ciega y el palo encebado".1

El Lic. Alejandro Paulino Ramos tomó esta información para su diccionario del libro *La misericordia y su contorno* de Francisco Veloz Maggiolo, el cual no tuve en mis manos.

Para entender esta cita es necesario saber de "la costumbre colonial que duró hasta las primeras décadas del siglo XX, que en algunas calles de Santo Domingo, caminos y entradas de los pueblos se encontraba plantada una Cruz. Las había plantadas casi siempre en un amplio solar o en el cruce de dos calles. Ellas eran la Cruz de la Misericordia, la de San Miguel, la de San Francisco, la del solar de La Piedra y la del solar Santana".2

Infiero que estas cruces permanecían todo el año al aire libre a la vista de los habitantes del sector y que llegado mayo se le rendían pleitesías a esa Cruz celebrando una fiesta donde se unía lo sagrado (rezos, rosarios, etc.) y lo profano (bailes, juegos).

La Cruz de la Misericordia gozó de importancia porque estaba situada en la zona colonial en la puerta de la muralla que lleva su nombre, donde se llevaban a cabo las ejecuciones (horca, guillotina, etc.) y, por lo tanto, era una zona muy concurrida.

2. ***Ayer o el Santo Domingo de hace 50 años*** de Luis E. Gómez.

En el capítulo titulado "Las grandes fiestas de barrio", al enumerarlas por mes dice:

"En mayo, las ruidosas fiestas de Cruz, en cuyos días eran adornadas con guirnaldas y flores las varias cruces que hasta hace pocos años existieron medio a medio de algunas calles y plazas, los quijongos, sancochos, bailes, reinados en los que había que discutirle la corona a Tina Trabous y a Juan María Jiménez". 3

Este libro fue publicado en 1944, Era de Trujillo, y la alusión a las Fiestas de Cruz reitera y confirma lo antes dicho en referencia a las Fiestas de Cruz de la Misericordia: énfasis en lo profano (juegos, sancocho, reinados, bailes) y la casi nula información del aspecto sagrado. La palabra quijongos y los nombres de Tina

Trabous y Juan María Jiménez requieren ser estudiados por separado para hacer esta cita más comprensible.

3. *Lengua y folklore de Santo Domingo* de Emilio Rodríguez Demonzi.

En este libro las Fiestas de Cruz aparecen mencionadas dos veces. La primera, en el capítulo titulado "Del folklore de Santo Domingo", declara para dar inicio a su exposición:

"Ciertamente que el folklore en nuestra América deriva del folklore de España, primordialmente, pero también es cierto que en cada uno de nuestros países tiene matices inconfundibles. ¿Cuáles son estos matices'? Señalarlos sería objeto de largo y sugestivo estudio, ajeno a la levedad y apresuramiento de este apunte. Entre nosotros, esos matices habría que buscarlos en los usos y aficiones predominantes; en el baile, el merengue; en la bebida, el ron; en la comida, el sancocho; en las armas, el machete; en el vestido campesino, la pollera; entre los instrumentos musicales, el cuatro y luego el acordeón; entre las fiestas populares, las Fiestas de Cruz; en la versificación popular, la copla y la décima".[4]

La segunda vez que Rodríguez Demorizi se refiere a las Fiestas de Cruz es en el capítulo dedicado a San Juan de la Maguana. Esta vez entra en detalles:

"Las Fiestas de Cruz, en honor de la Santísima Cruz, tienen lugar durante todo el mes de mayo. Un altar con la imagen venerada, y cuajado de luces y de flores, congrega a los devotos que entonan a todo pulmón salves que casi siempre rematan con este estribillo: 'Santísima, Santísima Cruz de mayo, señora'. Los festivales de cada noche tienen sus abanderados que los hacen más rumbosos obsequiando licores, dulces. En estas fiestas se come, se bebe, se hacen conquistas amorosas y gozan del favor de todos aquéllos que andan a caza de aventuras donjuanescas".5

Este libro está basado en informes recopilados por la Secretaría de Educación usando cuestionarios enviados a maestros de las provincias del país, en el año de 1921. Nótese que el prólogo está fechado en 1945 y que manejé una edición de 1975.

De más está hacer notar la inclinación hispanófila del Sr. Rodríguez Demorizi quien, por arte de magia o ceguera, omite el elemento africano-taino de nuestro acervo cultural cuando enumera los elementos constituyentes de nuestro "folklore".

Este informe en específico se presta a confusión porque sitúa las Fiestas de Cruz de San Juan de la Maguana en la Provincia de Azua, hay que recordar que la división política de las provincias en el mapa de la República Dominicana ha cambiado varias veces incluyendo los nombres. Por lo tanto, en 1921, San Juan de la Maguana pertenecía a la provincia de Azua. En la actualidad son dos provincias separadas.

La pálida descripción del aspecto sagrado de la celebración, cuando alude a las salves cantadas por los devotos -"arrematada con el estribillo 'Santísima, Santísima Cruz de mayo, señora eh'"- ofrece la certeza de la existencia de un repertorio de canciones dedicadas en específico a la Santa Cruz.

Crux Quadrata – Cruz griega 6

Alejándome de las Fiestas de Cruz, encontré en el libro *Lengua y folklore de Santo*

Domingo, en una sección titulada "Las villas dominicanas y sus advocaciones", una lista de los pueblos con sus nombres completos (siempre le ponían el nombre de un santo). A continuación presento los pueblos que tienen "la Cruz como santo patrón:

Santa Cruz de Barahona

Santa Cruz de El Seibo

Santa Cruz de Gato

Santa Cruz de Palenque

Santa Cruz del Espíritu Santo Sabana Grande

Santa Cruz Valverde".6

Esta información la juzgué muy importante porque señala posibles lugares donde se pudieran estar celebrando Fiestas de Cruz en la actualidad.

4. *Santo Domingo en el folklore universal* de Flérida de Nolasco.

El capítulo "El árbol y la Cruz" es el estudio más serio que hasta ahora haya leído para este recuento bibliográfico sobre las Fiestas de Cruz en la República

Dominicana. La Sra. Nolasco explica los orígenes de las Fiestas de la Cruz más allá del catolicismo e inserta la Cruz en las religiones griegas y romanas existentes en Europa antes del cristianismo. Describe las Fiestas de Cruz en Cuba, Puerto Rico, México, Perú y Brasil, logrando enmarcar esta celebración en un ámbito más amplio.

La sección dedicada a la República Dominicana consta de seis páginas, donde menciona Fiestas de Cruz en Puerto Plata, Azua, la capital y el Seibo, siendo estas últimas a las cuales dedica más espacio.

Veamos:

"Nuestros campesinos colocan la Santa Cruz a la vera del camino real adornándola con flores y papeles vistosos. Procesionalmente acuden en masa a cantar delante de la Cruz. El baile es complemento obligado en esta fiesta piadosa, va acompañado del canto coreado, cuyo ritmo marcan y sostienen los palos grandes, especie de tambula, los palitos, instrumento rústico de la numerosa familia del tambor".[7]

Los instrumentos musicales mencionados en esta descripción son de indiscutible procedencia africana, contrastando con los mencionados en el libro *Lengua y folklore de Santo Domingo* de Emilio Rodríguez Demorizi, el cuatro y el acordeón.

En relación a los cantos coreados, cita unos de Puerto Plata recogido por Julio Arzeno:

> "Qué bonito altar,
> quién lo adornaría
> parece que ha sido
> la Virgen María.
>
> El día del juicio vendrá
> Del cielo la Santa Cruz.
> A su vista temblará el judío y el francmasón,
> Concédenos por la Cruz nuestra eterna salvación".8

Estas dos estrofas citadas me son muy conocidas, pues forman parte de las canciones cantadas en las Fiestas de Cruz en Puerto Rico y Nueva York.

La primera estrofa pertenece a una de las últimas canciones cantada en las Fiestas de Cruz llamada "Aguinaldos", con una mínima diferencia en el segundo verso de "Quién lo adornaría" a "qué manos lo harían". Los aguinaldos constan de nueve estrofas más un coro.

La segunda estrofa pertenece a la quinta canción del cancionero boricua titulada "Oh, Jesús crucificado", teniendo la estrofa citada una ligera variación en unos cancioneros puertorriqueños archivados en la colección de Inarú:

> "El día del juicio vendrá
> Del cielo la Santa Cruz
> Como trofeo de Jesús
> Al Valle de Josafat;
> A su vista temblará
> El impío pecador".[9]

Aguinaldos

De los cielos bajan
Arpas y clarines
La música entera
De los Serafines.

Santísima Cruz
Hermoso madero
Porque a Jesucristo
En ti lo pusieron.

Santa Cruz de Mayo
Sublime tú eres
Ante ti se postran
Hombres y mujeres.

Santísima Cruz
Qué lindo Sudario
Porque a Jesucristo
Con el lo bajaron.

Fuiste la elegida
Entre las mujeres
Divina María
Bendita Tú eres.

La Virgen María
Al niño Jesús
Llámale el Mesías
Por gracia y virtud.

Qué bonito altar
Qué manos lo harían
Parece que ha sido
La Virgen María.

Qué bonito altar
¿Qué manos lo
hicieron?
Parece que ha sido
Bajado del Cielo.

Los nueve cajones
De la Santa Cruz
Son los escalones
Del Niño Jesús.

A la Santa Cruz
Postrados de hinojos
Le damos las gracias
Cantándole a coro.

Permítaseme nombrar las fiestas donde se usa esta versión: Fiestas de Cruz de Loisaida, New York; Bayamón, Puerto Rico; Centro de Servicios Pastorales, Padres Paúles, Puerto Rico, panfleto- cancionero del disco del coro de University Gardens en Puerto Rico. Pero existe una segunda versión de la canción *Oh Jesús Crucificado*, casi igual a la citada por la Sra. Flérida de Nolasco:

> "El día del juicio vendrá
> Del cielo la Santa Cruz
> Como trofeo de Jesús
> Al Valle de Josafat,
> A su vista temblará
> El judío y francmasón".[10]

Sólo se diferencia en los versos:

> "A su vista temblará
> El judío y francmasón".

Esta versión se canta en las Fiestas de Cruz Iglesia Santa Cecilia; Iglesia de la Santa Agonía, Fiestas de Cruz celebradas como promesa por Rita Orozco Rivera, Los Pleneros de la 21; Fiestas de Cruz de la Fiesta Folklórica Puertorriqueña, todos celebrados en la ciudad de Nueva

York. A mi entender, esta versión es la más difundida a juzgar por las pruebas acumuladas.

Como dije anteriormente, las Fiestas de Cruz de El Seibo reciben el tratamiento más extenso. Tal parece que son unas de las importantes del país por el fervor y entusiasmo que los devotos ponen en la organización y en la celebración de la misma, además de ser las más mencionadas. Leamos:

"Son días de oración. Pero también de toros, de corridas, de sortijas, de palo ensebado… añadidos en edición profana. Pero lo más atrayente, lo central, son los velorios de la Cruz y los bailes de atabales de intención piadosa. Músicos que han venido de los campos cantarán al compás del alcahuete, del palo grande y del güiro. Comienza el baile, que no ha de ser de parejas enlazadas, por ser baile puro, en honor de la Santa Cruz". 11

En esta descripción existe una genuina intención de reconocer el aspecto sagrado de las fiestas del Seibo, en la selección de palabras o expresiones usadas por la escritora: "son días de oración", "intención piadosa".

La Sra. de Nolasco relata un recuerdo de su niñez:

"Hasta los primeros años del presente siglo, vividores de barriadas pobres bailaban la danza de la Santa Cruz penetrando en las calles centrales de la capital. La danza pintoresca, amalgama de sonidos, de gestos y abalorios vistosos y chocantes".12

Es la primera vez que menciona ser testigo de una celebración de la Fiesta de Cruz tan directamente. ¿Comparsa de la Cruz? La referencia es tan corta que no es aconsejable forzar conclusiones.

Este libro fue publicado en 1956, Era de Trujillo, "Año del Benefactor de la Patria".

Para concluir mis comentarios, diré que la visión de universalidad de la escritora (como el título del libro, *Santo Domingo en el folklore universal*) está limitada a Europa, en específico a España, creando una distorsión en la percepción y comprensión de nuestra cultura. Esto no le resta importancia y juzgo su lectura necesaria. En este capítulo se encuentra la referencia a un artículo titulado "*Las Fiestas de Cruz*", escrito por Jesús Javier García (1947), publicado en el *Boletín del folklore dominicano.*

Lamentamos el no poder incluir este artículo en este recuento bibliográfico; es el único descubierto con el tema exacto pero ha sido difícil de obtener y seguiremos indagando.

5. *Fiestas patronales y juegos populares dominicanos* de Fradique Lizardo, J.P. Muñoz Victoria.

Como indica el nombre del libro, aquí encontramos una recopilación de las fiestas patronales dominicanas, usando como método de orden el calendario.

Bajo el 3 de mayo, y la celebración llamada la "Invención de la Santísima Cruz", aparecen mencionados los siguientes lugares:

"Boca de Arroyo (Najayo en Medio, Prov. San Cristóbal) Santa Cruz de Yaguate (Prov. San Cristóbal) Santa Cruz de Barahona (Prov. de Barahona) Sector Campiña (Prov. Peravia)

Sector Cuey (Prov. El Seibo); Hato Mayor del Rey (Prov. El Seibo) Batey La Higuera (Prov. El Seibo) Sector Margarín (Prov. El Seibo) Sec. Mata de Palma (Prov. El Seibo) Pescadería (Prov. El Seibo) Sec. San Francisco (Prov. El Seibo) Santa Cruz del Seibo (Prov. El Seibo) La

Caleta (Prov. El Seibo) Najayo en Medio (Dist. Municipal de Yaguate, Prov. San Cristóbal) Nizao (Prov. Peravia) Valverde Prov. Valverde) Gato (Prov. La Altagracia)". 13

Existe otra gran fiesta de guardar católica relacionada con la veneración a la Cruz llamada la Exaltación de la Santísima Cruz, celebrada el 14 de septiembre en Barahona, El Seibo y Valverde, según nos informa Fradique Lizardo.14

Cruz Taina, petroglifo. 7

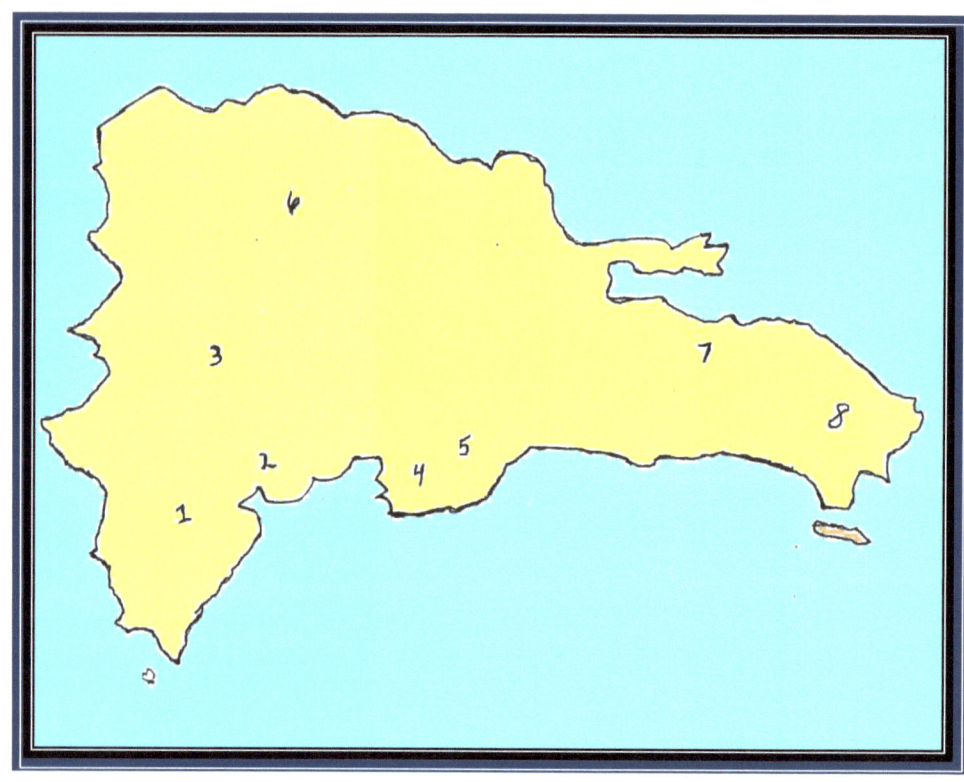

Mapa de las fiestas patronales de la Santa Cruz en la República Dominicana.8

1– Barahona. 2- Azua. 3- San Juan de la Maguana. 4- Peravia (Baní). 5- San Cristóbal. 6– Valverde. 7- El Seibo. 8- La Altagracia.

La Festividad de la Invención de la Cruz se originó en la tradición católica, con la dedicación en el año 335 de lasiglesias construidas en el sitio de la Crucifixión y el Santo Sepulcro, donde se colocó la "verdadera Cruz" descubierta por Santa Helena, madre de Constantino, emperador que al convertirse al cristianismo oficializó dicha creencia convirtiéndola en religión aceptada por el estado.

La Exaltación de la Santísima Cruz conmemora la recuperación y restauración de la Cruz "verdadera" en el año 629 por el emperador Heráclito, que los persas habían tomado como botín de guerra, cuando saquearon a Jerusalén en el 614.

Por la información encontrada en la lista de lugares donde se celebran fiestas patronales a la Santa Cruz, se hace obligatoria una visita al Seibo, porque es la provincia donde más Fiestas de Cruz se llevan a cabo (nueve en total). Por lo tanto, el participar en una de ellas se facilita. También la amplitud o diversidad de la muestra asegura el éxito en la obtención de varias salves y canciones.

Publicado en 1979, considero que alguna de estas fiestas debe de celebrarse todavía.

6. *Almanaque folklórico dominicano* de Iván Domínguez, José Castillo y Dagoberto Tejeda. Publicado en 1978.

Libro fácil de manejar, también ordena la información en forma de calendario, de amena lectura por la abundancia de fotos.

Con referencia a las Fiestas de Cruz, llama la atención que aparece veinte y seis en el mes de abril, extendiéndose por nueve días hasta llegar a mayo. Los lugares mencionados son; Matagorda, Baní, Cañafistol, el Seibo, Hato Mayor, San Pedro de Macorís, Mao, Nizao.15 También nos cuenta sobre "Mateo y Mateo, durante más de cuarenta años, mantuvo la fiesta de la Santísima Cruz en el desaparecido Callejón Mateo y Mateo, frente al muelle, a la salida del Puente Sánchez en la ciudad capital".16

7. *El Seibo* de Francisco E. Beras, Guarinoex Aquino Morales, y Manuel de Javier.

El Seibo se publicó en la revista *Bohío dominicano,* la cual estaba destinada al turista y se distribuía gratuitamente en los aeropuertos, hoteles, restaurantes y agencias de viajes de las islas del Caribe.

Con la obvia intención de atraer visitantes, se reseñan las Fiestas de Cruz como atracción máxima, derroche de diversiones donde corridas de toros, juegos de cucañas, corridas de sortijas, procesiones y música de atabales le harán pasar un rato inolvidable.

Además describe las Fiestas de Cruz de Niño Solano, que se han estado celebrando desde 1910 en el sector llamado El Rincón. Refiriéndose a los cánticos en honor a la Cruz dice:

"En cada una de las salves se intercalan cánticos en honor a la Santísima Cruz -patente en un altar adornado con cirios. Los cánticos y alabanzas a la patrona son constantes durante las nueve noches que se celebran los velorios".17

El baile constituye un elemento esencial, acompañado por los atabales (palo mayor, palo menor y alcahuete).

Emeteria Mercedes se distinguió por bailar en las Fiestas de Cruz por más de ochenta años. Falleció en 1965 de 98 años de edad.

Uno de los escritores del artículo "El Seibo" es Manuel de Jesús Javier quien, en 1947, publica el artículo "*Las Fiestas de Cruz*" en *El boletín del folklore dominicano,* el cual no he podido leer todavía.

La revista turística *Bohío dominicano* fue puesta en circulación en la primavera de 1967.

8. *Panorama del folklore dominicano* por Edna Garrido de Boggs.

Artículo publicado en la revista *Folklore Américas* (1961) donde se menciona la Fiesta de Cruz de El Seibo, sin entrar en detalles, como ejemplo de fiesta religiosa típica.

Terminado el recuento bibliográfico sobre las Fiestas de Cruz, resumiré otras manifestaciones de la religiosidad dominicana que arrojan luz sobre la manera en que el símbolo de la Cruz es percibido en la República Dominicana.

Comencemos con los rosarios. Los rosarios son procesiones hacia un calvario, a manera de penitencia colectiva (algunos devotos cargan piedras) rezando el rosario. Al llegar al calvario se cantan canciones (salves) a la Cruz. Los calvarios están formados por una Cruz grande y dos pequeñas, colocadas a la vera del camino real. Estos calvarios por lo general están frente a la casa de un devoto. Manuel José Andrade, en el capítulo "Rosarios" de su libro *Folklore de la República Dominicana,* cita una canción cantada en un rosario en La Vega:

> "Dulcísima Virgen
> Del cielo delicia,
> A flor que presento
> La flor de mayo.
>
> Con flores a María
> Con flores a porfía,
> Con flores a María
> Que madre nuestra es".[18]

Nuevamente encontramos dos estrofas que pertenecen a dos distintas canciones de las Fiestas de Cruz puertorriqueñas con ligeras variaciones. La primera estrofa es el coro de la canción "Dulcísima Virgen", variando en los últimos versos así:

"La flor que te ofrezco recibe propicia".

Esta canción tiene ocho estrofas.

La segunda estrofa es también el coro de una canción que tiene seis estrofas, con una ligera variación, titulada "Corramos fervorosos":

"Corramos fervorosos con flores a María

Con flores a porfía que madre nuestra es".[19]

Sebastián Emilio Valverde, en el artículo *El rosario*, ofrece evidencia de ese culto o reverencia a la Cruz, cuando describe el saludo al calvario con las estrofas siguientes:

"Salúdale Cruz
Con gran reverencia,
Hoy vengo Jesús,
A hacer penitencia.
Santa Cruz de mayo
¿Qué haces tú ahí?

Esperando a Cristo
Que venga a morí.
Ahí tienen a la Virgen.
Aquí tienen a Jesús
Venimos a saludar
La Santísima Crú".[20]

Dulcísima Virgen

Del cancionero de las Fiestas de Cruz de la República Dominicana y Puerto Rico.

Dulcísima Virgen
Del cielo delicias
La flor que te ofrezco
Recibe propicia.

Los valles alegra
Benéfico rayo
Del sol que engalana
Las flores de mayo.

Risueñas se abren
Y el cáliz asoma
Y esparcen entorno
Balsámico aroma.

Así agradeciendo
Su noble destino
La gloria publica
Del Dueño Divino.

Jazmín, azucenas,
Claveles galanos,
De ofrenda servidme;
Venid a mis manos.

El alma, Señora,
Yo pobre aunque soy
Con todas mis ansias
Rendido te doy.

Mi afecto sencillo
Recibe amorosa
Que en solio esplendente
Nos miras piadosa.

Tu rostro apacible
Mi vista descubra
Y en tanto dichoso
Tu manto me cubra.

Propenso tu oído
Mis voces atiendan
Y admita cual Madre
Tu seno mi ofrenda.

Altar a las Metresas, Cueva de Mana. 9

Corramos Fervorosos

Corramos fervorosos,
Con flores a porfía
Con flores a María
Que Madre nuestra es.

De nuevo aquí nos tienes
Purísima doncella,
Más que la luna bella
Postrados a tus pies.

Venimos a ofrecerte
Flores del bajo suelo
Que con filial anhelo,
Señora, Tú lo ves.

Humildes te rogamos
Si ellas no desmerecen
Las que en la Gloria crecen
En cambio Tú nos des.

Con esto te ofrecemos
Rendidos corazones
Pidiéndote los dones
Que ricos Tú posees.

Ay, Madre, no me dejes
Ay, que las almas solas
Entre las turbias olas
Darán luego al revés.

En tus benignas manos
Vida y salud ponemos
Al puerto llegaremos,
Sí a nuestro lado estás.

Con las peregrinaciones a calvarios llamadas "rosarios", que pueden celebrarse en cualquier día del año, donde también se cantan alabanzas a la Cruz (además de salves a otros santos), tenemos otro aspecto del culto a la Cruz, otro ceremonial donde la Cruz es parte integrante, ampliándose así sus manifestaciones devocionales.

Los ritos relacionados con el calvario abundan en la religiosidad dominicana y podemos tomar como ejemplos las ceremonias celebradas en Palma Sola. Palma Sola es un sector situado en San Juan de la Maguana, cuna del movimiento religioso donde se reverenciaba a Liborio Mateo, los Misterios y la Santa Cruz, que atrajo la peregrinación de miles de creyentes, despertando la oposición de la clase dominante del pais y de la religión oficial, hasta culminar en la masacre del 28 de diciembre de 1962.

Lusitania Martínez deja constancia en su libro *Palma Sola: opresión y esperanza (su geografía mítica y social),* en el capítulo "Milenio y creencias religiosas: forma de organización social", de la existencia de una serie de calvarios y cruces importantes para los rituales palmasolistas.

"Las cruces de Palma Sola eran cinco. La Cruz del Juramento era la primera Cruz a visitar de acuerdo a los ritos. Frente a dicha Cruz se decía: "Usted jura ser fiel a Cristo y al Maestro Liborio. Las tres niñas Santa y Bendita y a mi Madre María Santísima". "Yo juro", contestaban. La segunda Cruz, llamada Cruz Negra o de la reverencia, era la Cruz destinada al perdón de los pecados. Se solía llamar la Cruz del paso. Muy próximo a la iglesia estaba el cuadro o calvario, que contenía un conjunto de tres cruces, una grande, Cruz Madre Piadosa, con una pequeña a cada lado. Padre, Hijo y Espíritu Santo, ante los cuales se santiguaban los fieles y - rogaban por todo el grupo". [21]

Uno de los misterios más popular del "vudú dominicano" es el Barón del Cementerio, jefe de la división Guedé, sincretizado en San Elías. La Cruz es el símbolo o representación del Barón, la cual se dibuja con polvo de café frente a su altar que, por lo general, se coloca en el piso. Son sus dominios el cementerio; los cadáveres, su posesión. Al final todos los humanos llegan a ser sus ahijados porque reina sobre la muerte, destino final de todo viviente. Es acompañado por dos guedeses, seres que provocan espanto cuando aparecen "montado en cabeza" por su aspecto siniestro de ultratumba. Son ambiguos por demostrar una dualidad sorprendente: causan miedo y angustia al aparecer en público por su asociación con la muerte, pero estos sentimientos cambian prontamente por ser su carácter chistoso, exuberante, con bromas picantes.

Su baile se distingue por sus movimientos eróticos y lascivos. Muerte y vida se unen para formar unos "loas" que bailan en el Gagá, adornado con tres cruces en la espalda, sacudiendo la pelvis en ardiente frenesí erótico. Muerte y sexo hermanados, danzan con la Cruz a cuestas.

Altar al Barón del Cementerio, Batey de El Soco, La Romana, República Dominicana. 10

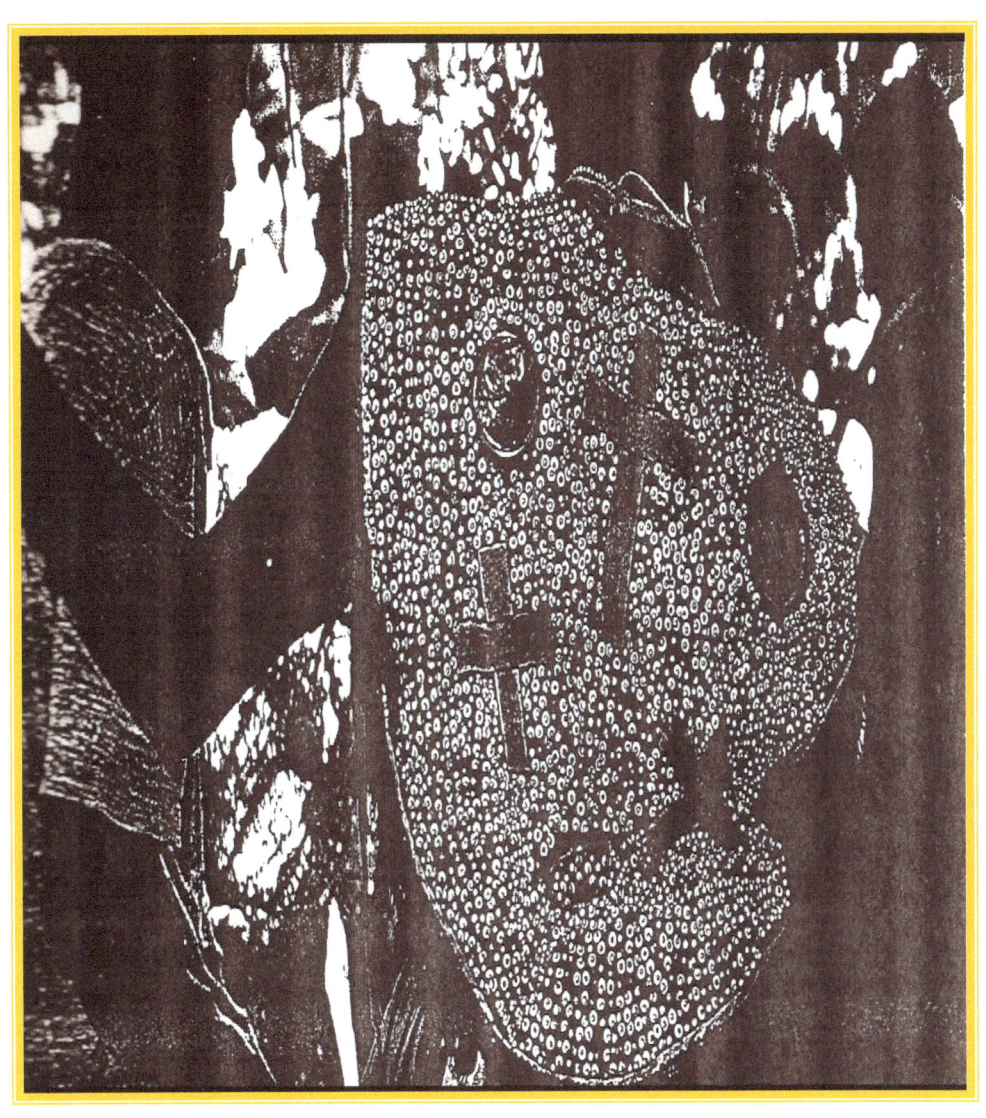

Guedés ataviado para bailar en el gagá, de espalda, adornado con tres cruces. 11

¿Es descabellada esta asociación? ¿Cae en la herejía? ¿Esconde atisbos de blasfemia? Todo depende del punto de vista con el cual veamos el símbolo de la Cruz. Es pertinente el ensanchar la visión hasta incluir una definición más amplia. Siendo la Cruz de carácter universal, su significado ha variado de acuerdo a la cultura o religión que la ha tomado como emblema. Tomemos en cuenta esta información:

"La Cruz en forma de la *crux ansata* era llevada en la mano de los sacerdotes egipcios y los reyes pontífices como [símbolo] de su autoridad como sacerdotes del Dios Sol y era llamada "el signo de la vida.

Por todas partes en los monumentos y las tumbas de Egipto se hallan diversas figuras de cruces, y muchas autoridades las consideran símbolos o del falo o del coito. En las tumbas egipcias la *crux ansata* (Cruz con un círculo o asa en la parte superior) se encuentra lado a lado con el falo".[22]

Por lo tanto, de acuerdo con Egipto (África) y su forma de ver la Cruz, ésta significa vida, acompañada de una carga erótica.

¿Y los guedeses son oriundos de África? No pretendo hacer planteamientos absurdos. Pero es mi intención la de ofrecer posibles interpretaciones a un fenómeno tan intrigante.

Aunque reconozco que mis planteamientos necesitan refinamientos, éstos no dejan de aportar un acercamiento diferente y hasta ahora poco explorado. Por lo tanto, sugiero que se considere la relación guedeses, *crux ansata,* Egipto, África como una posible alternativa, porque al saber que la Cruz en Egipto –África- está asociada con el falo, y que significa vida, ya se hace más comprensible el desfachatado erotismo de esos "loas" ayudantes de la muerte y por qué su objeto representativo es la Cruz.

En resumidas cuentas, los libros han hablado.

Las Fiestas de Cruz prueban su existencia desde el siglo XIX hasta 1967, de acuerdo a las evidencias halladas. Es un aspecto de la religiosidad dominicana que ha sido poco estudiado, pero que está muy accesible para aquél que tenga el interés en hacerlo, ya que es celebrado en numerosas provincias y sectores del país.

Las descripciones obtenidas enfatizan el elemento profano (baile, juegos, comida, etc.), dejando traslucir una rica tradición de canciones, salves y danzas que sólo han sido mencionados superficialmente.

Esta tradicional veneración de la Santísima Cruz en la República Dominicana está a la espera de ser reconocida, estudiada y conservada. Es hora de acercamos a ese aspecto de la religiosidad popular, prestar atención a su expresión, apoyando con nuestra participación a que se perpetúen en beneficio de las futuras generaciones.

Conversando Con Los Expertos

Hagamos un ejercicio de recapitulación del objetivo de este estudio preliminar sobre las Fiestas de Cruz en la República Dominicana para calibrar nuestro esfuerzo y juzgar si estamos cumpliendo con la tarea asignada.

Queremos saber si las Fiestas de Cruz son celebradas en suelo quisqueyano y dónde, si han sido estudiadas y por quiénes y si investigarlas aporta al entendimiento, apreciación y conservación de las mismas.

Buscando respuesta a estas inquietudes nos acercamos a serios estudiosos dominicanos que se han distinguido en sus respectivos campos del saber por su labor realizada.

En la sección "Hablan los libros" ya mencionamos al historiador Lic. Alejandro Paulino Ramos destacado catedrático de historia dominicana en la Universidad Autónoma de Santo Domingo y bibliotecario de la Biblioteca Central de la UASD, quien además de haber escrito numerosos artículos de historia y antropología dominicana, es autor del galardonado libro *Vida y obra de Ercilia Pepírí*. Bajo su tutela fui sometida a un curso intensivo de historia y cultura dominicana: "Tienes que refrescar la memoria y ubicarte. La religiosidad se desarrolla en un contexto histórico-social", me dijo en varias ocasiones, interrumpiendo su vívida y armoniosa síntesis de los eventos de la colonización, las luchas independentistas, la esclavitud, el cimarronaje, la restauración, la era de Trujillo, y el balaguerismo, hasta llegar a la época actual. Ilustró su exposición con una visita al Museo del hombre dominicano en la zona colonial de la capital. Santo Domingo. Usando su voz contaron su historia los cernís tainos, grilletes negreros, la Escuela Normal fundada por Eugenio María de Hostos, la Cueva de las Golondrinas, el Alcázar de Colón, la Puerta de la Misericordia, la Fortaleza Ozama, la Iglesia del Rosario, el Pabellón de los Héroes, la Casa Bastida, el Paseo de las Damas, la Casa de Teatro, la primera sede de la Universidad Autónoma de Santo Domingo, la casa de gobierno del Frente Constitucionalista, la Puerta del Conde, la Iglesia de las Mercedes, la Catedral Primada de América y los palomos, los niños callejeros que deambulan por el malecón.

Cuando le presenté las preguntas sobre las Fiestas de Cruz no vaciló en ayudarme. Como bibliotecario rastreó los libros que mencionan el tema y como historiador me facilitó las fichas de su libro inédito *Diccionario del patrimonio cultural y folklórico dominicano* que tenían que ver con las Fiestas de Cruz. Como relacionista, viabilizó mis entrevistas con el Sr. Julio Cuevas (Ministro de Cultura de la UASD) Lusitania Martínez (catedrática de la USAD, distinguida socióloga y filósofa) y Carlos Andújar (Director del Instituto dominicano de investigaciones antropológicas). Y, para completar, respondió con una paciencia de santo todas las preguntas claves sobre las Fiestas de Cruz a que lo sometí.

Resultado: según su autorizada opinión las Fiestas de Cruz son un hecho, están "vivitas y coleando", pero no se han estudiado con detenimiento (el único artículo encontrado de relevancia de Jesús Javier García, "Las Fiestas de Cruz", tiene seis páginas y fue publicado en 1947). "Tal vez porque la Cruz es vista como católica (española), los antropólogos están más interesados en lo africano. Es necesario llenar ese vacío".

El Lic. Carlos Andújar me dictó una conferencia privada sobre los aspectos de la religiosidad popular dominicana que yo debía tener presente al estudiar las Fiestas de

Cruz en suelo quisqueyano. "La tradición popular a pesar de ser católica tiene un fuerte componente africano que se evidencia en la posesión, toque de palo mayor, y utiliza mayormente la salve como forma de canto. En base a mi experiencia los elementos que matiza la expresión de la religiosidad popular dominicana son:

a. Culto mesiánico liborista;

b. Culto a los muertos;

c. El vudú haitiano;

d. Cofradías y hermandades.

La Cruz se dimensiona con los guedeses (reino de los muertos) porque la utilizan como símbolo, siendo dibujada con polvo de café frente a sus altares.

Crux Ansata –Ankh 12

Una investigación sobre las Fiestas de Cruz cumpliría su misión porque no se ha escrito mucho sobre el tema. Pero dicha investigación se puede quedar a nivel descriptivo, tu tendrías que construir el marco teórico".

Nótese que acabo de resumir en extremo una explicación tan abundante en riqueza de datos. Esta charla me ahorró tanteos a ciegas y me ayudó a poner en justa perspectiva esta práctica devocional.

La experiencia educativa a la cual fui sometida por el Lic Andújar culminó en una visita al Batey del Soco en la Romana, donde participé en una ceremonia de vudú estilo haitiano -por primera vez, en vivo y a todo color- la cual ilustró perfectamente la conferencia. Su pausada conversación en todo momento giró alrededor de temas de la historia y la cultura dominicana, demostrando su interés por ayudarme a desarrollar un marco teórico como base para la investigación.

Cambiemos de ritmo. A continuación podrán leer las entrevistas realizadas el 17 de agosto de 1997 a la Dra. Lusitania Martínez, a June Rosenberg y a su amigo Mateo Nin.

Lusitania Martínez

La conversación con Lusitania Martínez se llevó a cabo en la biblioteca de su hogar. Esa mañana dominical la encontré alimentando a su gata con sus propias manos porque estaba inapetente.

Fui recibida con una hospitalidad fuera de serie. La Dra. Martínez se mostró en todo momento ávida por ayudarme, que inclusive, me llevó a casa de June Rosenberg a quien también logré entrevistar.

Entrevista

Lusitania Martínez: Un poco para favorecer tu visión cosmológica, ya no puedo hablar de lo científico, sin meter lo humano, lo subjetivo hasta lo sagrado Entonces, cuando abordo esa investigación yo tengo una visión tradicional de ciencia, eso no le quita mérito al libro porque de todas maneras un aspecto del movimiento está reivindicado, está descubierto. Está explicado de todas maneras es una visión tradicional de ciencia y por lo tanto es todavía una visión incompleta.

Porque para dar una visión auténtica de ciencia se debe profundizar también en lo sagrado (eso lo han hecho otros y no yo) para tú hablar de una visión cabal de lo científico y de lo objetivo. Porque otra visión, noción errada de lo objetivo, es que lo subjetivo no entra y eso no es verdad. Para que sea una visión objetiva debe entrar lo subjetivo y en consecuencia entrar todas esas cosas en las que creía esta gente, esta subjetividad es que yo incorporé, pero de manera incompleta porque realmente yo quería dar una visión global, no fue tampoco por mi visión errada, sino porque yo tampoco podía dar una explicación de la totalidad porque no me iba a dar tiempo y el libro no se iba a terminar nunca. Entonces hay una visión teológica de Palma Sola, que es la que se mete en la profundidad de lo sagrado, que debería ir otra vez al campo y yo no sé si Roberto Cassá (no sé si lo conoces) quiere hacer eso pero él se metió en Palma Sola, después de mi. Me pidió permiso, no sé por qué, porque yo no soy dueña del tema de Palma Sola, el pobre por humildad y por respeto y yo dije- "¡No, no! tú te puedes meter en Palma Sola y métete en lo sagrado si tu quieres", aunque yo no creo que él tampoco sea el más adecuado. Porque él, al igual que yo, es más científico, no tiene como tú la sensibilidad cósmica, religiosa. Nosotros veníamos de una tradición marxista en donde lo religioso no era muy bien abordado o era abordado por arribita, pero él se está metiendo en eso y yo le digo:

"¡Métete en lo sagrado que yo por falta de tiempo, por sensibilidad quizás escasa, no lo abordé totalmente!".

Hay que meterse en eso, ésa sería la lectura teológica, religiosa.

Maitreyi Villamán Matos: ¿Y qué tú me puedes decir de la lectura teológica?"'

L.M. Yo no tuve lectura teológica, no. Yo no me metí. Yo apenas recogí lo que son las leyendas; hay una lectura teológica que yo te puedo buscar. Yo me metí en la interpretación científica del fenómeno de Palma Sola, que de paso recogí muchas cosas religiosas, como describir cuál era la ceremonia de las cruces, leyenda que los palmasolistas tienen respecto a Liborio, pero profundizar para mi es meterse en la subjetividad de esa gente, sobreviviente de Palma Sola, los principales apóstoles, Ezequiel que está ahí, su hermano, los principales sobrevivientes, que no eran apóstoles; la Virgen que está ahí. Y profundizar con ellos. ¿Qué significaba para ella esta entrega, este servicio a esas cruces, el servicio a los altare? Porqué no solamente las cruces; están los altares, los bailes, los tambores. No es solamente las cruces, sino también las piedras, los árboles son significativos.

M V.M. *Yo vi el árbol en tu libro.*

L.M. La Ceiba, eso hay que profundizar, ellos dicen que en esos árboles, y sobre todo el de la Ceiba, habitan los espíritus.

Hay que ir con ellos y ver, por ejemplo, ¿qué hace don León, que es el mellizo *mesías* sobreviviente, el único que está vivo de los principales mesías?

Cuando yo venía a visitar y él venía a La Ceiba, no me dejaba entrar, probablemente él me entregó algunos secretos (y eso que él a mi me adora) y me depositó muchísima confianza y me encontró merecedora de explicarme esos misterios, pero no me los reveló todos, probablemente él intuyó que yo todavía no estaba madura como para que el me hiciera depositaria del aspecto del secreto sagrado, y él de vez en cuando me dice que nosotros todavía no hemos terminado, parece que él todavía piensa que yo merezco ser depositaria de lo sagrado.

M V.M. *Creo que algún día lo vas a hacer.*

L.M. Tal vez sí, mira éste [extendiéndome un libro] debes leerlo. Es sobre la salve.

M. V.M. *Ya lo tengo como parte de la bibliografía.*

L.M. Tú me vas a perdonar cómo estoy de complicada hoy. Tengo que buscarte esa lectura teológica con más calma, para que después que la leas hablemos.

M V.M. *¿Quién la escribió?*

L.M. Es de un cura. Después que la leamos podrás entender más o menos cuál es la interpretación teológica. Yo no me siento con capacidad de hacer una interpretación teológica de Palma Sola.

Dibujo de la Ceiba de Palma Sola. Tomado del cuaderno de un palmasolista. 13

M. V.M. *¿Que tú percibiste allí en relación con la Cruz y ellos? Yo quiero saber tu opinión.*

L.M. Las cruces son importantes pero no sólo eso, porque la Cruz es una simbología cristiana española, sobre todo las devociones a la Cruz, aunque también es africana, y ellos no tienen ese componente español, ellos tienen un alto componente animista, más que la Cruz para mí los componentes de las piedras, el agua, los árboles son más fuertes que ese componente que tiene que ver con la Cruz.

M V.M. *¿Tú dices que para tí la Cruz también es africana?*

L.M. Sí, africana y cristiana también.

M V.M. *¿Por qué tú dices eso de que la Cruz es africana también?*

L.M. Bueno, eso lo consulté con Fradique y con Carlos Esteban Deivi. Déjame ver, si yo no tuviera esta mano sucia [le está dando de comer a su gata], el elemento de la Cruz es universal, pero déjame buscar aquí [hojea su libro de Palma Sola], hay un lugar aquí, tú lo leíste muy rápido, parece que no te acuerdas, aquí está la parte. Porque yo soy filósofa y para poder dar una interpretación global honesta, estaba trabajando en el campo de la antropología. Yo no soy antropóloga, estaba encarando un fenómeno altamente antropológico. Entonces, tuve que leer, discutir con mis compañeros, entrevistar antropólogos como Fradique, como Deivi, entonces, mira las cruces [mostrándome el libro de Palma Sola], aquí está lo que vi de las cruces [leyendo en voz alta, p. 209]: "Respecto a la posesión, existe en todo el mundo (aunque es práctica de origen africano), es casi seguro que el fenómeno se manifestará ocasionalmente, no colectivamente, y sí en algunos de los creyentes de Palma Sola que participaban en la ceremonia de juramentación y/o momento del despacho de brujas".

O sea, en las cruces se daba una ceremonia que se llamaba "el despacho de brujas", que era como una especie de posesión por los espíritus malignos y, al mismo tiempo, liberación de ellos en ese lugar. En ese sentido era muy importante, era parte de lo que era cosmología palmasolista en ese momento, en ese lugar los misterios se montaban en cabeza de algunos palmasolistas, así como espíritus malignos [sigue leyendo]: "Por otro lado, en Palma Sola se hacían procesiones dentro del recinto, fenómeno que es frecuente en el Sudoeste Central (Marina E. Davis: 1987-90). En estas procesiones tenían que salir por donde entraron, y dar las tres vueltas al calvario. Su procedencia es cristiana aunque se hace acompañar del toque de palos africanos.

En Palma Sola estaban presentes objetos rituales como las banderas, las cruces (cinco en total, en el Calvario).

Para Martha E. Davis, el calvario dominicano es un símbolo positivo porque representa el poder divino. Específicamente el calvario, con sus cruces, representa las tres divinas personas (Fe, Esperanza y Caridad), que a la vez representan la Trinidad (Padre, Hijo y Espíritu Santo)' (1984:99). Ezequiel, creyente palmasolista, persona de confianza de León, no definió en la misma línea el significado que los liboristas tienen de la Cruz: como representación del poder contra Satanás y no sólo del martirio.

Ellos tienen la definición ya no muy cristiana de la Cruz. Tú sabes que la definición cristiana de la Cruz es la de que Cristo se crucificó. Estos tienen una definición de procedencia autóctona, de ellos, sacada también de su cercanía con los africanos, que tú sabes que los africanos celebran las muertes mucho más que llorarla, contrario a los españoles. Entonces, por eso ellos tienen una definición de Cruz de liberación, la fiesta de Purificación. Y no la definición española de muerte. Eso yo pienso que es muy importante, esta visualización de la Cruz como purificación y liberación contraria a la visualización española cristiana de la Cruz como de muerte.

Pero más que de cristianismo hay mucho de animismo, mucho de autóctono, de creación personal y de influencia africana. Hay mucho más de eso. En consecuencia, es probable que el elemento de la Cruz sea importante, pero no lo más importante. Palma Sola debe verse como una simbiosis, tú no puedes decir, vamos a sacar la Cruz como lo más importante, vamos a sacar el animismo como importante, vamos a sacar lo español como lo más importante. Lo característico de Palma Sola es lo de ser un sincretismo de lo español, autóctono, animista, taino, con lo africano. En consecuencia, tú no puedes decir que las cruces, el calvario o la Cruz era lo más importante; ahora, es importante porque el corral tenía cinco cruces y había un ceremonial alrededor de él; jugaba un papel importante pero no el único.

M. V.M. *¿Crees tú que aquí en la República Dominicana hay un culto a la Santa Cruz?*

L.M. Yo creo que sí, que hay un culto a la Santa Cruz. Yo tengo por ahí un material de un culto a la Santa Cruz, me parece que hay una iglesia que se llama la Iglesia de las Maravillas en Villa Altagracia, además en Mana he oído mencionar. ¿Has oído mencionar a Mana?

M V.M. He ido a Mana.

L.M. ¿Hay un culto a la Santa Cruz?

M V.M. He ido a la Cueva de Mana.

Crux Decussata – Cruz de S. Andrés 14

L.M. ¿Y no hay culto a la Santa Cruz?

M V.M. Cuando fui, fui como devota en una peregrinación.

L.M. ¡Mira aquí lo de Dagoberto!

M.V.M. Todavía no tenía la idea de la investigación, vi las cruces, para bajar a la cueva hay una Cruz, en frente.

L.M. Exactamente. Mira el libro de Dagobeno que yo recuento, tienes que leerlo ese también. Nosotras tenemos que citarnos para otro momento para yo ver la perspectiva del servicio a las cruces en Palma Sola, para ver en qué medida te lo dimensiono, para ver en qué medida en Palma Sola hay una relevancia de su ceremonial a las cruces en Palma Sola, y en lo que es el pensamiento liborista, porque yo lo veo como importante pero al interior de otros factores, factores que tienen que ver con las piedras, con los árboles, con los mismos elementos españoles, etc. No en sí mismo.

M. V.M. Para mí el árbol es importante.

L.M. Eso es taino, es que hay mucho de animismo, hay mucho de taino, eso es de procedencia taina.

La Cruz es muy españolizada y si ellos han tenido ceremonial, las emees son importantes porque han sido acompañadas con ceremonias de procedencia africana y taina. Ejemplo; el ceremonial, el despacho de las brujas, se daba en derredor de las cruces pero con una relevancia africana porque era para liberarse de los espíritus malignos para mostrarse que es universal pero de procedencia africana. En sí misma la Cruz es muy españolizada. Por eso el interior de Palma Sola es un sincretismo con mucha importancia taina y africana, no se ven en si misma sino con cánticos tainos, autóctonos, y con cánticos españoles en esa ceremonia alrededor de la Cruz.

M *V.M. ¿Entonces, tú crees que vale la pena un estudio sobre la Santa Cruz?*

 L.M. Es importante porque te va ayudar a describir como aquí se da el ceremonial de la Cruz alrededor de su significación española, lo que mezclan con los elementos de la religiosidad popular, y los elementos de la religiosidad popular no son españoles puros.

Tú dices qué Martha, ¿a quien tú has leído?

M.V.M. Davis estudió las fiestas de Cruz en Puerto Rico. Hasta ahora he encontrado citas y alusiones en diferentes libros y sólo un articulo completo pero no lo he podido conseguir.

L.M. Es importante pero, te lo digo desde ahora, las cruces son elementos españoles que en Palma Sola aparecen rodeados de ceremoniales autóctonos y africanos.

M. V.M. ¿Pero hay Fiestas de Cruz?

L.M. Entonces hay que descubrir si son puramente españoles, que yo lo dudo. O con elementos africanos y autóctonos. Si, en el sudoeste hay fiestas de Cruz. Pero no manejo eso. Martha Ellen Davis te hubiera sido interesante porque ella se sabe todas las fechas de todas las fiestas y sus finalidades.

M. V.M. ¿Está ella aquí?

L.M. Se acaba de ir pero va a regresar.

M V.M. Hasta donde tú sabes, ¿aquí nadie ha profundizado sobre las fiestas de Cruz?

L.M. No, nadie que yo sepa. Acaban de tirar un libro de Carlos Hernández sobre los muertos.

M V.M. *¿En Villa Mella?* "Morir en Villa Mella", *sí, lo compré en la feria del libro en abril.*

L.M. Ahí no aparece nada.

Aparece un ritual para despedir a los muertos. No, que yo sepa, nadie ha escrito sobre las cruces.

M. V.M. *Sobre las fiestas de Cruz de mayo.*

L.M. No que yo sepa. ¿Ya te reuniste con Carlos Andújar?

M. V.M. *Si, un amor de persona. Me ayudó en cantidad.*

L.M. Oh, te voy a llevar adonde June Rosenberg. Cuando mi mamá me llame, yo tengo que bajar por el lado de June a buscar a mi mamá. Si te interesa, podemos pasar.

M V.M. *Pero, ¿le avisamos?*

L.M. No, si está ahí, ella me recibe.

M. V .M. *Me da vergüenza llegar en paracaídas.*

La Ceiba de Palma Sola. 15

L.M. No, no te preocupes que no es para sentarnos y molestarla, sino para que te conozca y puedas hacer una especie de cita. June Rosenberg es chulísima. Estamos hablando del ritual del baño llamado "la agüita".

M. V.M. La explicación de este ritual no la encontré en el libro; pero puede que equivoque.

L.M. Porque no está directamente vinculada pero si está ahí, sí, el ceremonial palmasolista, pero sí lo menciono.

M V.M. Yo quería saber lo subjetivo: ¿cómo te sentiste y por qué acogiste el ritual?

L.M. Eso es interesante, esa pregunta. En primer lugar, eso está ubicado en Maguana Arriba, en el lugar donde está el santuario a Liborio, y Liborio fue un personaje central que homenajeaban los liboristas de San Juan de la Maguana. Porque el movimiento de Palma Sola es continuación del movimiento de Liborio, que también es un movimiento mesiánico religioso que se dio a principios de siglo. Liborio, tú sabes que lo mataron los americanos. Después surge Palma Sola alrededor de ese personaje, Liborio, entonces Liborio se movió y dominó por todo el lugar del sudoeste. El nació en Maguana

Arriba, donde está ese santuario y donde está La Agüita. La Agüita es un lugar, un baño natural, donde los devotos, para purificarse y librarse de todos sus males y negatividades y sufrimientos, se bañan desnudos, tanto los hombres por un lado, como las mujeres.

¿Por qué yo me bañé? Primero, yo estaba haciendo la investigación y quería entrar en contacto con el ritual que forma parte de lo liborista. Esa era una manera de obedecer a los conocimientos sobre Palma Sola, porque todo el que participó en Palma Sola también se bañaba en la agüita de alguna manera, porque era el lugar de su maestro Liborio; pero subjetivamente yo entré un poco. Yo te voy a ser sincera a ti porque no lo voy a esconder. Además, no lo pude esconder en aquella época, y tú me dirás, ahora ya no. Esa pregunta me la puedes decir ahorita, pero en aquella época yo no era creyente de nada de eso. Yo me acerco para dar información de algo que ocurre en mi realidad social y que yo quería explicar desde el punto de vista de la totalidad, desde el punto de vista científico. Ver lo social, ver lo religioso, ver lo económico, ver todos los aspectos pero, como te dije ahorita, en el aspecto sagrado yo no estaba motivada, y lo hice con una subjetividad muy fría, para conocer; para ver que la persona que estaba al lado mío, una mujer que se bañó desnuda junto conmigo, donde yo viví unos dos o tres días antes que ella me llevara a La Agüita; para ver qué sentía ella, ver la subjetividad de ella. Ella sí se sentía ligada.

M. V.M. *¿Tú estabas más pendiente a la experiencia de ella que a la tuya propia?*

L.M. Sí, pero yo, muy respetuosa no obstante que mi subjetividad era incrédula, yo lo hice con mucho respeto que le dije: "Yo me voy a bañar pero yo no estoy muy motivada". No lo dije duramente, bueno, yo no creo en nada de esto. Me dice: "No te preocupes que cuando tú entres, tú te vas a motivar". Le dije que bueno y ciertamente yo me sentí muy bien, el agua es bastante fría y yo no me sentí mal, yo le tengo miedo al frío y a la frialdad, yo soy muy friolenta pero yo me sentí fresca y me sentí bien con ella, muy empática con el lugar. Eso es lo que te puedo decir.

M. V.M. *Te dio unas buenas vibraciones.*

L.M. Tú deberías de ir y bañarte. Deberías formar un viaje con algunas personas que incluso te expliquen el lugar, aunque hay gente. Vangelio cuida el lugar.

M. V.M. *¿Vamos a ir?*

L.M. No sé. Yo nunca tengo tiempo para nada, a lo mejor lo saco. Hay un señor que cuida, Vangelio, que te puede explicar, en la onda del liborismo, todo lo que hay ahí porque él es Liborista. Él dice que ha recibido la función de cuidar La Agüita por un mensaje, él explica todo eso. Es bien agradable.

M. V.M. *Mi familia, yo se lo dije, los Matos son de San Juan de la Maguana.*

June Rosenberg

Cuando el carro rojo de Lusitania se estacionó frente al Hotel Aby donde vive June Rosenberg, situado en la zona universitaria, a dos cuadras del malecón, un sol de mediodía deliciosamente caribeño dejaba sentir su majestuosa presencia. Envolviéndonos en un calor marino una brisa cargada de salitre provenía del Mar Caribe.

Después de las presentaciones formales de rigor, Lusitania le explicó a June Rosenberg la razón de mi visita y procedió a solicitar una cita-entrevista para un futuro cercano. Para mi sorpresa, la Sra. Rosenberg sonriendo propuso que la entrevista se llevara a cabo esa misma tarde, si no había inconvenientes de mi parte, evitando así más gastos de transportación.

Acepté gustosa. Rodeada de libros, objetos de arte africano, artesanías dominicanas, pinturas haitianas, en una estancia espaciosa, cómoda, siendo cordialmente atendida por June Rosenberg, me sobrecogió un gran sentimiento de ternura al verla sacar un jugo de chinola de la nevera para obsequiarme solícita. Es la simpatía, la fuerza vital que emana de su persona, es su pronta respuesta para dialogar con una "extraña", lo que me desarma.

Esta entrevista la llamo "dos en una" porque June Rosenberg quiso invitar a su amigo y vecino, Mateo Nin para sumarlo a nuestra conversación.

Nótense las interrupciones en la grabación. Un ambiente de inquietud y revuelo fue creado por la presencia de unas amigas de la recepcionista del hotel. Las voces de cuatro muchachas conversando animadas mientras se hacían rolos una a la otra y el constante pasa y pasa en el pasillo distraían sobremanera a la Sra. Rosenberg porque le disgustaba la desfachatez de la situación. Varias veces me mandó a detener la grabación y salía a pedir silencio. Cuando regresábamos al diálogo se hacía engorroso regresar al planteamiento bruscamente abandonado.

Pese a esta situación, el encuentro resultó muy provechoso por las ideas compartidas y la información obtenida.

M V.M. *Buenas tardes, es para mí un honor el estar con la Sra. June Rosenberg en esta entrevista improvisada,* *gracias a* Lusitania *Martínez que me trajo. Hoy es 12 de agosto de 1997. Como devota estoy interesada en las Fiestas a la Santísima Cruz, Mayo Florido y, simplemente, lo que quiero saber es si usted ha visto, si sabe que existen las Fiestas de Cruz de mayo. ¿Qué ha visto usted en relación a la Cruz en sus caminos, en sus largos peregrinajes, aquí, en la República Dominicana?*

June Rosenberg. ¡Hay que vivir mucho!

[Interrupción]

Mateo Nin. En Juan de Herrera, es un lugar que está como a unos cuatro kilómetros de San Juan, después del Corral de los Indios. En toda esa zona, en San Juan entero. San Juan es una comunidad muy, muy devota. Usted encuentra fiestas en cualquier lugar de San Juan, en las Matas de Farfán, en El Cercado, Juan Herrera, La Maguana. Pero donde hay más devoción es en la región de Juan Herrera a La Maguana. Esa es la fortaleza de Liborio.

J.R. ¿Tú tienes idea del calendario?

M. N. Generalmente en la época de Semana Santa, Corpus Christi.

M. V.M. *¡Vaya, vaya! ¿En mayo?*

J.R. ¿Septiembre, octubre?

M. N. Muy poco, muy poco. Es más en época de Semana Santa, casi todas esas fiestas de corte religioso se dan más para Semana Santa, desde que comienza la época de recogimiento religioso que culmina con la Semana Santa.

J.R. ¿Las cosechas?

M.N. Sí. Es cuando se dan mayores manifestaciones, pero independientemente de eso los 21 de enero, el 3 de mayo

J.R. Pero ella se interesa especialmente en los servicios,

Crux Céltica 16

devociones a la Santísima Cruz, la Cruz de Mayo.

M.N. Sí y en la Semana Santa y en la época de diciembre.

J.R. ¿Por qué tú dices la Semana Santa? No es, eso es en febrero, marzo.

M.N. Sí, es correcto, abril, marzo. Es que están ahí, guardan proximidad, esas fechas específicas. Yo hace tiempo que estoy desligado de San Juan pero yo creo que se siguen guardando esas tradiciones. Mira el 21 de enero, eso también es una.

J.R. ¿Eso tiene que ver con la Cruz?

M.N. Sí, es que aprovechan cualquier fiesta religiosa para manifestar esas tradiciones.

J.R. Es muy interesante, Mateo, estamos llegando, estoy pensando ahora, hay una relación, hay la Santísima Cruz, San Juan Bautista, la Altagracia. Yo pienso que son la misma gente que está celebrando todo.

M.N. Sí Es lo mismo. ¡June! (emocionado)

J.R. ¡Es la misma cosa, es un círculo! Es como la iglesia, pero nadie ha dicho eso, ni Fradique. Cada uno, cada estudioso está estudiando una sola cosa y no le están haciendo una relación. Es importante, es importante. Esta muchacha vive en los Altos de Bani en la loma y habla de gente de la Vereda que yo conozco muy bien porque los paleros de la Vereda bajan a la fiesta de San Juan Bautista...

M.N. ¡Correcto!

J.R. Y de San Juan vienen los paleros para tocar en la Cruz de mayo.

M.N. ¿Tú te das cuenta? La misma gente, el mismo círculo, el mismo grupo.

J.R. ¡Es interesante!

M. Es como el caso de Brasil. La gente cree que el carnaval, todo ese espectáculo de samba, se da en febrero, ¡no! En Brasil se está bailando samba 367 días al año, dos días más. Tan pronto está culminando el carnaval en el sambódromo, ya la escuela de samba se está preparando para el año siguiente.

J.R. Es todo el año como la samba.

M.N. ¡Eso es! Pero la gente cree que se baila sólo para la Semana Santa.

J.R. Sí, ya lo dije muy claramente en mi libro. Nadie lo ha hecho. Es que debemos juntar todos estos datos...

[Interrupción]

J.R. ... síntesis.

M.N. Llega un momento, tú te das cuenta que las Fiestas de Cruz de Puerto Rico guardan una íntima relación con las Fiestas de Cruz que se celebran aquí. Porque es una interacción, un intercambio antillano, caribeño.

J.R. ¡Es realmente interesante! Gracias, Maitreyi, yo la llamo Maitre, por esta reunión.

M.N. Todo esta íntimamente ligado. Si tú, por ejemplo, te vas a la parte musical, aquí tenemos el merengue como dominicanos, pero el merengue también se baila en Colombia y hay un ritmo muy parecido en Puerto Rico, en Cuba, todos tienen la misma raíz.

J.R. ¡Exactamente!

M.N. Eso que dice June es la realidad. La Fiesta de Palos de la Cruz en Puerto Rico, si tú te buscas la raíz a lo mejor es la misma. ¿Allá se celebra el 24 de junio?

J.R. 23 de junio.

M. V.M. *San Juan Bautista.*

M.N. En San Juan de Puerto Rico, ¡es una fiesta! De que mira tú no encuentras dónde tomarte un vaso de agua porque tó el mundo está en las playas. Es más, si vas a visitar a un amigo o amiga, no lo encuentras, están celebrando su fiesta de San Juan Bautista.

J.R. ¡Oh! yo he estado en la playa en Rio de Janeiro, en Copacabana, el 24 de junio.¡ Fue una locura! (Entusiasmada)

M.N. Es así.

J.R. Cada uno estamos metidos en un hoyo, escribiendo, estudiando y no estamos juntando...

M.N. ¿Sabes por qué pasa eso, June? Por un celo mediocre de que yo soy el que más sé, de que yo tengo la panacea agarrada, de que yo he descubierto el agua tibia, de que quiero alzarme con todo el honor de ser el que aportó eso. Un celo que lleva a algo peor, la ignorancia, porque entonces haces un ridículo. Esas personas se ponen a investigar, publicar un libro, dicen cosas en ese libro, luego aparece otro y lo desmiente ¿Comprendes ahora, June? Dicen que no puede haber más nadie. ¿Cómo que no hay más nadie? Pero si antes que usted publicara ese libro, yo tengo veinte años que publiqué éste. June, por ejemplo…

M.V.M. *Por eso yo vengo donde ella…*

M.N. Aquí no hay nadie que tenga que investigar nada, yo lo he investigado todo

M.V.M. *Por eso estoy hablando con ella.*

M.N. Entonces resulta que se ponen a inventar cosas. La misma Lusitania y todo el mundo sobre el vudú y June lo ha dicho todo.

M V.M. *Yo simplemente parto de mi ignorancia. Yo no me he criado aquí y soy devota de la Santa Cruz: No soy antropóloga ni socióloga, pero soy devota a ia Santa Cruz y ya que celebro una promesa a la Santa Cruz al*

estilo puertorriqueño, me interesa saber cómo se celebran las Fiestas de Cruz aquí en la República Dominicana. Me interesa por algo práctico. Yo quiero aprenderme esas canciones porque quiero cantarlas, o sea, la finalidad es bien diferente. También deseo cantar el estilo dominicano porque yo soy dominicana, nací aquí. Muchas personas me han recomendado que hablara con la Sra. June Rosenberg. *Como usted bien lo ha dicho ella lo ha escrito todo. Y* Lusitania *tuvo la gentileza de traerme aquí y yo estoy sosteniendo esta conversación con ella. Yo no vivo aquí, se va a llegar el día en que voy a participar en unas Fiestas de Cruz en persona, va a llegar ese día. En lo que llega ese día me estoy acercando a diferentes personas que han estudiado…*

M.N. ¿Maitreyi, no?

M.V.M. *Sí, Maitreyi.*

M.N. Maitreyi, en Baní, ¿qué día celebran el día de la Virgen de Regla?

Crux Gammata – Svástika 17

J.R. ¡Ay, no, perdón!

M.N. ¿Y en noviembre el día de los fieles difuntos?

J.R, ¿Ah, pero eso tiene que ver con la Cruz?

M.N. Sí, June, el día de los fieles difuntos y el día de todos los santos.

J.R. ¡Pero es que estamos hablando de cosas en el aire! Mateo, estamos sugiriendo, proponiendo que hay una relación entre todas estas fiestas, entonces el día del fína'o (como dicen los haitianos), ¿quiénes son esas personas que van a celebrar el día del fina'o? ¿Son personas relacionadas con la Santísima Cruz?

M.N. Son los mismos, el que toca en San Juan Bautista, toca también en la Fiesta de Cruz, son los mismos.

M V.M. *A mí me interesa saber si usted ha visto una Fiesta de Cruz en mayo.*

J.R. ¡Todos los años he ido! (emocionada) porque en tres comunidades...

[Interrupción]

J.R. ¿Ya empezaste tu entrevista conmigo? ¿Quieres empezar ahora? Si Mateo tiene tiempo, yo te voy a explicar...(a Mateo) ¿tú tienes tiempo?

M.N. Explica, June.

J.R. ¿Cuál es tu pregunta?

M. V.M. *¿Ha visto usted Fiestas de Cruz en el 3 de mayo?*

J.R. Mira, yo tengo que ir un poco atrás. Yo llegué a Baní en octubre de 1963, en noviembre 21 es el día del santo patrón de Baní. En aquel entonces no había datos previos sociológicos ni antropológicos, en el año '63 Todo eso estaba trancado por la dictadura de Trujillo. Había un documento de un estudio de un antropólogo durante los cortos meses de Juan Bosch en San Francisco de Macorís. Ese es el único estudio antropológico que hizo alguien y eso fue en tres meses. Entonces, yo llegué a Baní por casualidad y por varias razones me quedé allá. ¿Cual fue la imagen de Baní? Europeo, español, blanco, caucásico. En la República Dominicana no se tocaba palos, no había una cultura popular, solamente los valores estaban dirigidos a la pequeña clase de nuevos ricos producidos por Trujillo. Entonces, estaba sentada allá en esta pensión de familia, a una cuadra del Parque Central, cuando vino un muchacho y me dijo: "¡Mire, allí están tocando palos!" ¿Cómo es posible en Baní?

M.N. ¿Cuándo?

J.R. '63. ¡Déjame decirte! A dos cuadras del Parque Central de Baní estaban celebrando una noche de velación y era dirigida por un curandero que se llamaba Oropesa. ¡Increíble! Bailando con la camisa abierta, todo el mundo cantando y eso era supuestamente en un pueblo donde no había influencias africanas, etc., etc., etc. Y yo tengo fotos todavía de eso, hice grabaciones, pero no sé dónde están. ¡Lástima que no me recuerdo! Pero estaban cantando unos cantos maravillosos para la iglesia, para los santos. [Con énfasis] ¡Y tocando palos! Palos mayores, como en San Juan. Maravilloso, en ese entonces eso fue una sorpresa.

[Interrupción]

Estaban tocando palos a dos cuadras de la iglesia de Nuestra Señora de Regla. Entonces, son por lo menos dos establecimientos, dos instituciones que funcionan al mismo tiempo, una contra otra, o no se entienden, no se mezclan. Pero después yo quiero decir, para llegar a lo que le interesa a Maitre, es que ésa fue mi primera experiencia y fue un choque cultural. Entonces empecé a buscar. Yo me iba a los campos a caballo, ciertos campos cercanos, en el caballo de un síndico. Cuando me hablaban que iban a tener una noche de vela, yo iba y descubrí esta riqueza cultural [emocionada] que es realmente la base de la cultura dominicana de la mayoría. A mi juicio, podemos decir que cada grupo social, sociocultural, tiene su derecho a vivir, pero un cinco por ciento de la población no debe tener el derecho de dominar a la mayoría. ¡Estamos casi llegando donde te interesa, Maitre! Empecé con tres campos cerca de Baní de diferentes tipos de población, hablando racialmente, uno de blancos, uno de indios y uno de prietos. Encontré la misma música. En ciertas fechas se tocaban palos y siento no haber escrito nada pero yo tengo fotos. Y dentro del mismo pueblo de Baní, en Pueblo Arriba, Pueblo Abajo. Noches de velas, música, canciones muy parecidas y entonces para la Santísima Cruz yo iba cada año a un campo que se llama

Matagorda, La Vereda, Río Arriba. Son los campos dedicados a la Santísima Cruz de mayo, y eso es lo que te interesa. Yo no fui este año, ¡desgraciadamente! Hace años que no he ido. [Emocionada] ¡La música, el baile! Son familias que dirigen eso, que tienen promesas, muy cerca al pueblo. Entonces, para terminar, quiero decir que nuestra conversación ha producido unas ideas que pienso que tal vez podemos ampliar en el sentido de determinar cuáles son los altos culturales generales para el Caribe (de aquí al Brasil)...es lo que Mateo estaba diciendo...porque cada uno está como un químico que está estudiando bajo el microscopio una célula y no ve las otras.

Crux Monogramada - Chi Rho 18

M.N. ¡Correcto!

J.R. ¡Vamos a tratar de hacer eso!

M.N. Volviendo a San Juan, tú agarras a San Juan, Maguana, Juan de Herrera, y todo eso por ahí es una manifestación increíble, las excursiones, los desplazamientos humanos para ir a celebrar…

J.R. ¡Increíble! Pero mira, Mateo, perdón que te interrumpa. Una vez, no sé en qué año, no tomé nota, en Matagorda, vinieron unos paleros de San Juan, eso es una distancia de unos 600 kilómetros. ¿De dónde viene el dinero?

M.N. ¡Lo buscan!

J.R. ¡Tres paleros de San Juan que llegan a Matagorda para tocarle a la Santísima Cruz! Déjame decirte otra cosa, hablando de Matagorda, porque yo trabajé mucho en este campo.

M.V.M. *¿Usted escribió sobre las Fiestas de Cruz en Matagorda?*

J.R. No, pero espero que la vida me dé tiempo. El síndico, el señor de más prestigioso de Matagorda, se llamaba Bertico Arias. Síndico no, él era alcalde. Yo lo conocí después de la dictadura y me habló (tengo entrevistas), era el encargado de las Fiestas de la Santísima Cruz, él era el jefe. No en el sentido religioso, porque no había nada de eso de sacerdote. Era el encargado de la organización, de la música. Venía toda su familia, todos sus nietos, la familia Arias, su nombre es Bertico, muy devoto a la Santísima Cruz. Yo iba cada año.

M.V.M. *¿Usted oyó cánticos dedicados a la Santa Cruz?*

J.R. ¡Todos! … En una de las celebraciones de las fiestas de la Santísima Cruz, en Matagorda, sucedió algo muy interesante. Un pariente de don Bertico Arias, curandero, un joven grande, corpulento, había venido especialmente de la capital para la celebración. A las dos o tres de la mañana se montó. No sé dónde vive o si está vivo, esto hace como treinta o cuarenta años. Entonces él se montó (y encontré eso muy curioso porque en esa época no estaba preparada para entender estos fenómenos, no sabía de este fenómeno dentro de la religiosidad dominicana, nadie había escrito de esto, perdonen mi ignorancia, pero ahora yo entiendo)…él estaba montado…

[Interrupción]

...entonces este muchacho empieza a levantar la voz, gritando: "¡Soy el Espíritu de la Cruz, soy la Santísima Cruz!". Tal vez a ustedes no le sorprende, pero para mí en esa época era algo increíble.

M.V.M. *Ahora mismo a mí me sorprende, nunca había oído que nadie se montara con la Santa Cruz.*

M.N. ¡Primera vez que oigo esto!

J.R. ¿Qué tú piensas, Mateo? ¿Has visto eso?

M.N. ¡No! [Con énfasis]

J.R. Yo entiendo que mi experiencia en esta época era poca pero se montan los espíritus, loas, santos, como en el vudú, pero nunca había visto esto.

[Sonidos en el pasillo]

J.R. ¡Apaga, apaga eso!

Ayudante dibuja un vevé en una ceremonia vudú. Batey El Soco, La Romana, República Dominicana. [19]

Buda con cruz gamada *(esvástica)* en el pecho.20

Diálogos Con Mi Gente

Realicé una sencilla investigación de campo para determinar si celebraban Fiestas de Cruz en Baní, que consistió en regresar a la enramada de la carretera Fundación. En la conversación con la Sra. Carmen Rodríguez, dueña del altar, me enteré que ella guarda una promesa a la Santa Cruz mantenida desde su abuela. En mayo se engalana la enramada y con toques de palos y salves alaban a la Cruz.

También pregunté a familiares, amigos, vecinos. La Sra. Mercedes Franco de Aybar me aseguró que más allá del Limonal (una familia amiga suya) celebran Fiestas de Cruz desde hace muchos años.

Mi vecina Argentina Tejada ha asistido a Fiestas de Cruz en la Jiña, Baní y me presentó a Pilar, la hija de la dueña de la Promesa, la cual me indicó que su mamá es devota a la Santa Cruz y en mayo le canta por nueve días.

Estas, indagaciones las califico de sondeo superficial para estimar la accesibilidad del fenómeno a investigarse.

A juzgar por las respuestas, las Fiestas de Cruz son conocidas por las personas de mi círculo inmediato.

No corroboré estas afirmaciones, por considerarlo más allá de un mero estudio preliminar.

Milquíades Aybar Franco y el Sr. Osear Pérez me afirmaron que las Fiestas de Cruz en Matagorda se siguen celebrando y que son un gran acontecimiento en la comunidad.

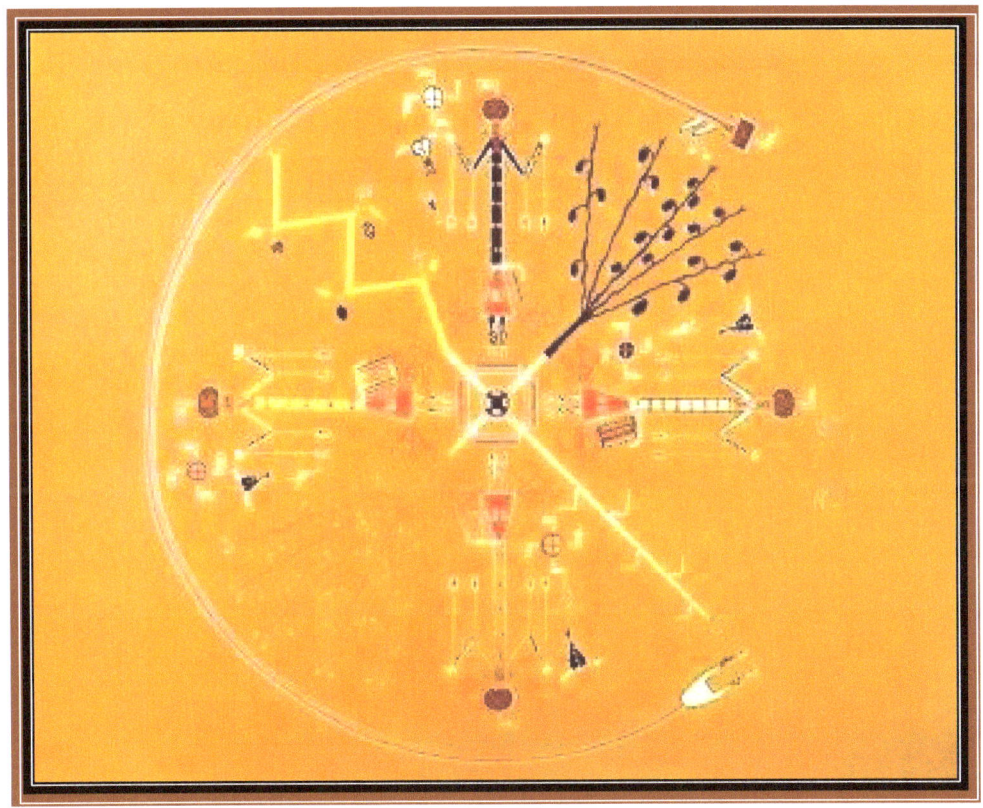

Dibujo de arena návajo con cruz gamada, svástica. Arizona, EUA. 21

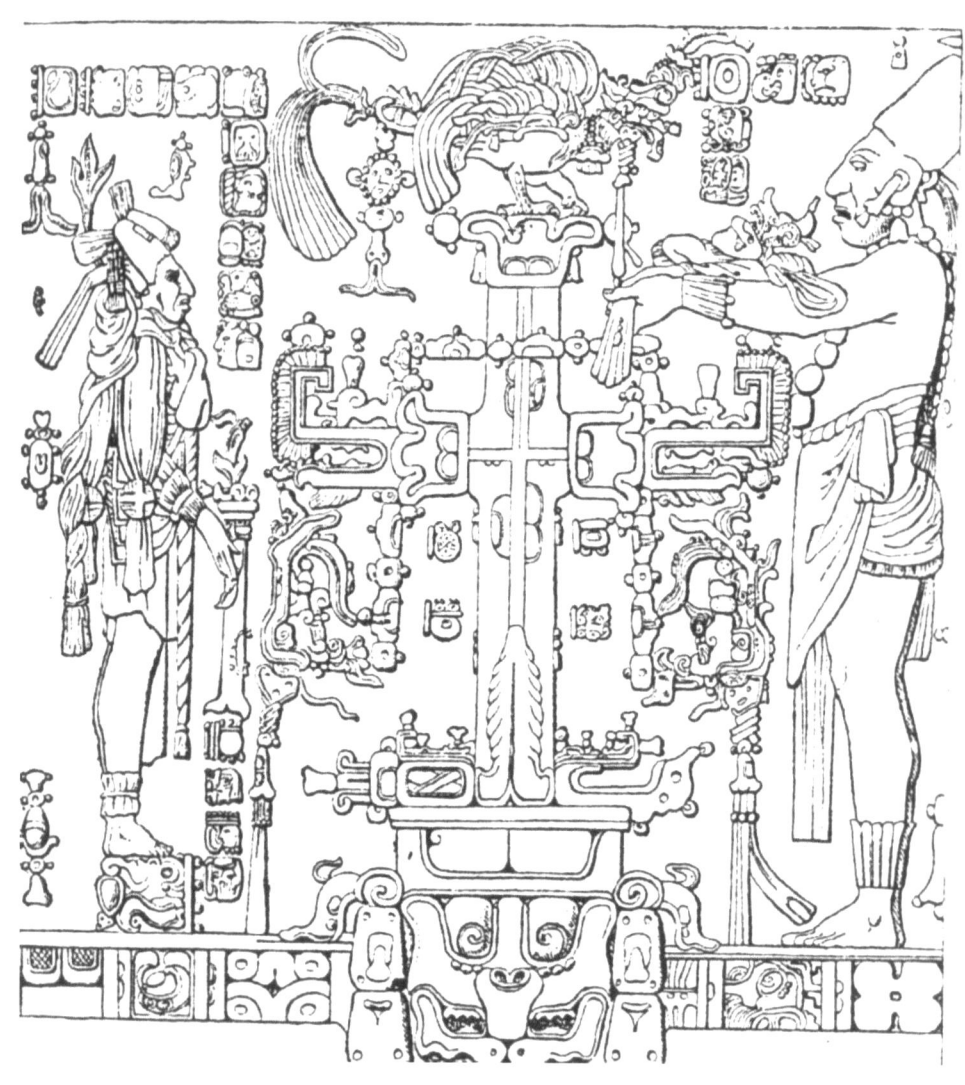

Cruz de Palenque, México. 22

Conclusiones

Existe un culto a la Santísima Cruz en la República Dominicana evidenciado en los calvarios, rosarios y las Fiestas de Cruz. Estas últimas son celebradas en mayo y gozan de la asistencia de devotos y relacionados. La provincia de El Seibo se caracteriza por ser el lugar donde más Fiestas de Cruz se celebran.

La Cruz es venerada adornada en un altar, con cánticos aludiendo al Santo Madero, acompañados por atabales. El baile es parte esencial de la ceremonia. El aspecto "profano" se manifiesta en juegos, comida, bebidas y baile informal.

De acuerdo a la evidencia presentada existen otras provincias, como Barahona y La Altagracia, donde la Cruz es adorada por ser ésta su patrón, cabiendo la posibilidad de que allí también se celebren Fiestas de Cruz.

Tomando en cuenta la escasa bibliografía, este aspecto de la religiosidad popular dominicana ha sido estudiado muy poco. Hasta ahora no existe un estudio serio y profundo sobre el tema.

Expertos antropólogos, sociólogos e historiadores dominicanos entrevistados, aseguran desconocer qué investigaciones se estén llevando a cabo sobre las Fiestas de Cruz en la actualidad. Recalcaron la existencia de un vacío de conocimiento al respecto, aparte de admitir su existencia.

Indagaciones en el terreno inmediato familiar arrojan luz sobre la existencia, participación y promesas de amigos, vecinos y familiares en Baní, Provincia de Peravia.

Siendo las Fiestas de Cruz un aspecto de la dominicalidad poco estudiado y casi olvidado, es patente la necesidad de prestar atención a esta ceremonia que forma parte de nuestra manera de acercarnos a la divinidad.

Bosquejo de la Investigación

- I. Origenes de la Cruz
- II. Significado de la Cruz en otras culturas
- III. Marco histórico-cultural dominicano
- IV. Caracteristicas de la religiosidad popular dominicana
- V. Fiestas de Cruz. Descripción
- VI. Lugares donde son celebradas
- VII. Cancionero

Equipo de Trabajo

Milquiades Aybar Franco
Investigacion de campo - Enlace con la comunidad
Grabacion audio y video -Transportacion - Seguridad

Miguel Falquez-Certain
Traducción–Asesoría

Oscar Pérez
Investigacion de campo - Enlace con la comunidad
Grabacion – Seguridad

Maitreyi Villamán Matos
Coordinación general – Supervisión – Presupuesto y Contabilidad – Redacción

Mercedes A. Villamán
Investigacion de campo – fotografía – Redacción

Notas

1- Lic. Alejandro Paulino Ramos, *Diccionario del patrimonio del folklore dominicano,* inédito. Pag.27.

2- Francisco Veloz Maggiolo, *La misericordia y su contorno,* pp. 279-81. Pag.27.

3- Luis E. Gómez, *Ayer o El Santo Domingo de hace 50 años,* Editores Pal Hnos., Ciudad Trujillo, R.D., 1975, p. 57. Pag.28.

4- Emilio Rodríguez Demorizi, *Lengua y folklore de Santo Domingo,* Editorial Universidad Católica Madre y Maestra, Santiago, R.D., 1975, p. 57. Pag.29.

5- En Rodríguez Demorizi, op. cit, p. 232. Pag. 30.

6- En Rodríguez Demorizi, op. cit, p. 310. Pag. 32.

7- Flérida de Nolasco, *Santo Domingo en el folklore universal.* Impresora Dominicana, Cuidad Trujillo, 1956, Pp.93-94. Pag. 33.

8- En Flérida de Nolasco, op. cit, p. 95. Pag. 34.

9- Maitreyi Villamán Matos, *Las Fiestas de Cruz en Nueva York,* La Maga Press, 1997, p. 36. Pag.35.

10- *Las Fiestas de Cruz puertorriqueñas.* Iglesia Santa Cecilia. N.Y., 1992, p. 7. Pag. 37.

11- En Flérida de Nolasco, op. cit., p. 96. Pag.38.

12- En Flérida de Nolasco, op. cit., p. 97. Pag.39.

13- Fradique Lizardo y J.P. Muñoz Victoria, *Fiestas patronales y juegos populares dominicanos.* Ediciones Fundación García-Arévalo, Santo Domingo. 1979, p. 146. Pag. 41.

14- En Fradique Lizardo, op. cit., p. 155. Pag. 41.

15 -Iván Domínguez, José Casillo, Dagoberto Tejeda, *Almanaque folklórico dominicano.* Editora Alpha y Omega, Santo Domingo, 1978, p. 49. Pag. 44.

16- En Domínguez, Castillo, Tejeda, op. cit., p. 83. Pag. 44.

17- Francisco E. Veras, *Guarionex Aquino Morales y Manuel de Jesús Javier,* El Seibo, Editora Bohío Dominicano, 1967, p. 45.

18-Manuel José Andrades, *Folklore de la República Dominicana,* The American Folklore Society, N. Y., N. Y, 1930, p. 594. Pag. 47.

19- Maitreyi Villamán Matos, op. cit., p. 35. Pag. 48.

20- Sebastián Emilio Valverde, *El rosario, antología literaria dominicana.* Editora Instituto Tecnológico de Santo Domingo, 1981, p. 191. Pag. 39

21- Lusitania Martínez, *Palma Sola, opresión y esperanza (su geografía mítica y social).* Ediciones CEDEE, Santo Domingo, 1991, pp. 140-41. Pag. 54.

22- *Razonamiento a partir de las escrituras,* Watch Tower Bible and Tract Society of Pennsylvania, N.Y., 1985, p.94. Pag. 58.

Lista de ilustraciones

1 - Pag. 13. Altar de la Sra. Carmen Rodríguez. Fundación Bani. Foto, Maitreyi Villamán Matos.

2 – Pag. 15. Crux Immissa-Cruz latina. *Enciclopedia británica.*

3 – Pag. 17. Detalle de altar a la Santa Cruz Carretera Fundación en Bani. Maitreyi Villamán Matos.

4 - Pag. 23. Dibujos tomados del cuaderno de un creyente de Liborio Mateo, en Palma Sola. *Palma Sola.* Lusitania Martínez. Ed Cedee Sto. Dgo. 1991. P. 97.

5 - Pag.26. Crux Commissa -Tau-Cruz de S. Antonio. *Enciclopedia británica.*

6 - Pag. 31. Crux Quadrata – Cruz griega. *Enciclopedia británica.*

7 – Pag. 41. Cruz taina. *Pintura rupestre y petroglifos en Sto. Dom.* F. Morban Lancer, 1970. Láminas 27, 61, 63.

8 – Pag. 42. Mapa de las Fiestas Patronales de la Santísima Cruz. Maitreyi Villamán Matos.

9 – Pag. 51. Altar de las Metresas, Cueva de Mana. Maitreyi Villamán Matos.

10 – Pag. 56 - Altar del Barón del Cementerio, Batey del Soco, La Romana, Rep. Dom. Maitreyi Villamán Matos.

11 – Pag. 57. Guedé /Tres cruces en la espalda. Foto de H. Méndez Coratini, del libro *Gagá y vudú* de José Francisco Alegría Pons, P R. 1993. P. 38

12 – Pag. 65. Crux Ansata–Ankh. *Enciclopedia británica.*

13 – Pag. 73. Dibujo de la Ceiba de Palma Sola. Tomado del cuaderno de un palmasolista. Lusitania Martínez. P. 98.

14 – Pag. 78. Crux Decussata–Cruz de S. Andrés. *Enciclopedia británica.*

15 – Pag. 83. La Ceiba de Palma Sola. Lusitania Martínez. P. 229.

16 - Pag. 92. Crux Céltica. *Enciclopedia británica.*

17 – Pag. 98. Crux Gamada–Svástica. *Enciclopedia británica.*

18 – Pag. 103. Crux Monogramada - Chi Rho. *Enciclopedia británica.*

19 - Pag. 107 - Ayudante dibuja veve, ceremonia vudú. Batey El Soco La Romana, Rep. Dom. Maitreyi Villamán Matos.

20 – Pag. 108. Buda con Cruz gamada (esvástica). The Swástica. T. Wilson. 1894 U.S, National Museum. P. 801 (foto 1).

21 – Pag. 111 - Dibujo de arena, navajo con Cruz gamada (esvástica). T. Wilson (foto 17). ,

22 – Pag. 112 - Cruz de Palenque, México. T Wilson P 935 (foto 20

Bibliografía

Alegría Pons, José Francisco. *Gaga y Vudú. El Changó prieto.* Puerto Rico-Santo Domingo, 1993.

The Columbia Enciclopedia. Columbia University Press, New York, 1975 (Cross)

Cutner, H. *A Short History of Sex-Worship.* Londres, 1940.

Davis C., Back K., Maclean K. *Oral History from Tape to Type.* American Library Associations, Chicago, 1977.

Davis, Marina Ellen. *Voces del purgatorio (estudios de la salve dominicana).* Museo del hombre dominicano. Santo Domingo, 1981.

De Nolasco, Flérida. *Santo Domingo en el folklore universal.* Impresora dominicana, Ciudad Tmjillo, 1956.

Deive, Carlos Esteban. *Los guerrilleros negros.* Fundación Cultural Dominicana, Santo Domingo, 1997. Segunda edición.

Vodú y magia en Santo Domingo. Fundación Cultural Dominicana, Santo Domingo, 1996. Cuarta edición.

Deren, Maya *Divine Horse-Men: The Voodoo Gods of Haití.* Delta Book, New York, 1972.

Domínguez, Iván, José Castillo, Dagoberto Tejada Ortiz. *Almanaque folklórico dominicano.* Editora Alfa y Omega, Santo Domingo, 1978.

Eliade, Mircea. *The Sacred and the Profane: The Nature of Religion.* Harcourt Brace Jovanovich, New York, 1987.

The Encyclopedia Britannica. 11 ed., Vol. VTT, New York, 1973. (Cross)

Enciclopedia universal ilustrada. Vol. 16, Madrid, 1958 (Cruz)

García, Javier y Manuel de Jesús. *Las fiestas de la Santa Cruz. Boletín del folklore dominicano,* año II, Vol. II, Santo Domingo, 1947*

Gamier, Colonel J. *The Worship of the Dead.* Londres, 1904.

Gómez, Luis E *Ayer o el Santo Domingo de hace 50 años.* Editores Pol Hermanos, Ciudad Trujillo, 1944.

Hernandez Soto, Carlos. *Morir en Villa Mella: ritos funerarios dominicanos.* Centro para la investigación y acción social en el Caribe, Santo Domingo, 1996.

Jiménez, Pedro Encarnación. *Los negros esclavos en la historia de Bajona, Manoguayaboy otros poblados.* Editora Alfa y Omega, Santo Domingo, 1993.

* Difícil de encontrar y por lo tanto no he podido leerlo. Requiere una búsqueda minuciosa.

Lizardo, Fradique. *Cultura africana en Samo Domingo.* Sociedad industrial dominicana. Santo Domingo, 1979.

Metodología de la danza. Ediciones Fundación García-Arévalo, Inc., Santo Domingo, 1975.

Martínez, Lusitania. *Movimiento mecánico Palma Sola. Revista de antropología e historia.* Año X, Vol. X, enero-diciembre, 1980.

Palma Sola, opresión y esperanza (su geografía mítica y social). Ediciones Cedee,

Santo Domingo, 1991. Morban Laucer, Femando A. *Pintura rupestre y petroglifos en Santo Domingo.* Instituto de

Investigación antropológicas, Santo Domingo, 1970. *The New Enciclopedia Britannica.* 15 ed. Vol. I, NewYork, 1990.

Nuttall, Zelia. *The Fundamental Principles ofOfd and New World Civilizations: a Comparative*

Research Based on a Study of the Ancient Mexican Religions, Sociological and Calendrical Systems. Kraus Reprint Co, New York, 1970.

Pichardo, Nina y Eduardo Fausto. *Festividades religiosas San Pedro Macorís, tradiciones macorisanas.* Imprenta de la Rosa, Santo Domingo, 1970.

Rodríguez Botello, Atilio. *Breve historia de la devoción y culto a la Sma. Virgen de la A iiagracia.* Sto. Dgo., 1989.

Rodríguez Demorizi, Emilio. *Lengua y folklore de Santo Domingo.* Editorial Universidad Católica Madre y Maestra, Santiago, R.D., 1975.

Rosenberg, June. *El gaga: religión y sociedad de un culto dominicano.* Santo Domingo, 1979. Tejada Ortiz,

Dagoberto. *Mana: monografía de un movimiento mesiánico abortado.* Alfa y Omega, Sto. Dgo., 1978.

Vélez Rodríguez, Wendalina. *El túrbame blanco. Muertos, santos y vivos en lucha política.* Museo del hombre dominicano, Santo Domingo, 1982.

Wilson, Thomas. *The Swastika (Report of the U.S. National Museum Smithsoman Institutor,* 1896.

Wosieu, María-Gabriele. *Sacred Dance Encounter with the Gods.* Thames and Hudson, New York, 1974.

Wolfe, Robert. *Christianity in Perspective.* Memory Books, New York, 1987.

Amén árbol que das vida
Amén hasta que en el cielo
Por toda la eternidad
Tus alabanzas cantemos.

Centro Creativo Experimental Inarú, Inc.

Calle Canela Mota #54
Barrio Santa Rosa, Baní,
Rep. Dominicana.

Incorporada en 1999
en la Rep. Dominicana
Sin Fines de Lucro

Centro Creativo Experimental Inarú & La Maga Press, Inc.

36 St. Nicholas Place #4A
New York, NY. 10031

Incorporada en 1996 en Nueva York, E.U.A. Sin Fines de Lucro y goza de exención de impuestos federal bajo la provision 501(c)3 de E.U.A.

Facebook.com/centro creativo experimental inaru

www.ingramcontent.com/pod-product-compliance
Lightning Source LLC
Chambersburg PA
CBHW042334150426
43194CB00005B/155